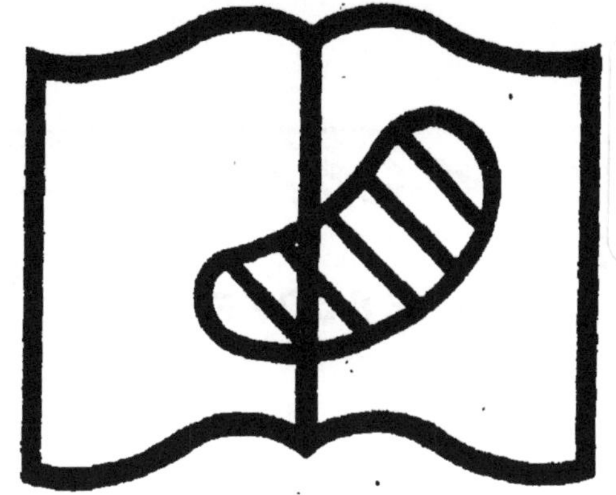

Original illisible

NF Z 43-120-10

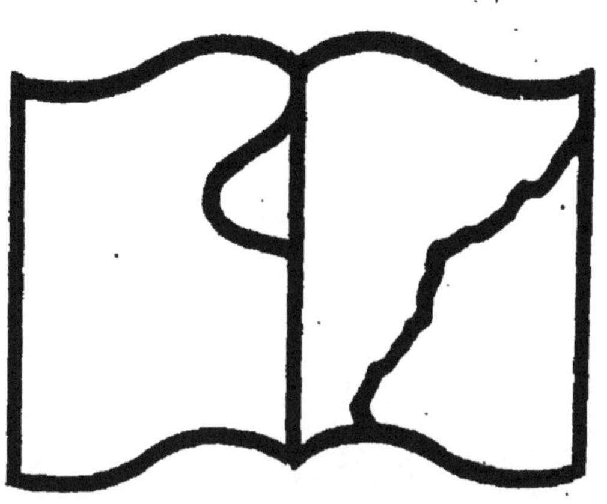

Texte détérioré — reliure défectueuse

NF Z 43-120-11

"VALABLE POUR TOUT OU PARTIE
DU DOCUMENT REPRODUIT".

H. ESCOFFIER

VOYAGE

AUTOUR DU VIADUC

DE

NOGENT-SUR-MARNE

PARIS

C. MARPON ET E. FLAMMARION

ÉDITEURS

26, RUE RACINE, PRÈS L'ODÉON

VOYAGE
AUTOUR DU VIADUC
DE
NOGENT-SUR-MARNE

H. ESCOFFIER

VOYAGE

AUTOUR DU VIADUC

DE

NOGENT-SUR-MARNE

> Des milliers de personnes qui avant moi n'avaient point osé, d'autres qui n'avaient pu, d'autres enfin qui n'avaient pas songé à voyager, vont s'y résoudre à mon exemple.
>
> XAVIER DE MAISTRE.
> (*Voyage autour de ma chambre*).

PARIS

C. MARPON ET E. FLAMMARION

ÉDITEURS

26, RUE RACINE, PRÈS L'ODÉON

Avant de se mettre en route.

Il faut avoir du courage ou tout au moins de la philosophie pour écrire aujourd'hui un livre honnête, qui retrace sincèrement, naïvement, les menus faits de la vie de famille. C'est ce que j'entreprends, avec la conviction qu'il y a un public de braves gens pour ces sortes d'ouvrages.

S'il m'est permis de me mettre en avant et de faire une confession, je dirai que j'ai été un précurseur dans la voie de l'observation pessimiste, dans l'étude des maladies de l'extrême civilisation, dans la recherche des cas physiologiques et pathologiques. Il y a dix ou douze ans j'ai écrit, sous ce titre : Les Femmes Fatales, une trilogie de romans ayant pour base le tempérament féminin. Suis-je arrivé trop tôt? N'ai-je pas su jouer de la grosse caisse autour de mes œuvres? Ou bien le talent de l'écrivain n'a-t-il pas été à la hauteur de l'observation vécue et patiente? Je suis trop intéressé dans la question pour pouvoir la résoudre; toujours est-il que les Femmes Fatales n'ont pas eu de succès en librairie. D'autres sont venus qui se sont imposés au public; ils sont allés si loin que j'ai quelque honte à les avoir précédés et je reviens avec joie à l'impression de la belle et vivifiante nature, au soleil et au plein air. Il est si bon de se laisser vivre!...

J'avais à prendre pendant l'été 1888, trois semaines de congé. Où aller? Que faire? Quelles contrées visiter? Je n'aime pas la mer. Son immensité m'attriste; ses vagues sans cesse renouvelées et ronronnant — quand elles ne se précipitent pas furieuses — me donnent sur les nerfs. J'adore les montagnes; mais il faut aller les chercher au loin, dans les Alpes ou dans les Pyrénées. Un voyage prolongé en chemin de fer me rend malade.

Malgré les excitations quelque peu fantaisistes de ma grande fille de dix-huit ans, qui ne rêve que déplacements, voyages, excursions et plaisirs, j'ai voulu mettre à exécution un projet depuis longtemps caressé en silence : découvrir non pas la Méditerranée mais les environs de Paris.

Je lançai d'abord, sans paraître y attacher grande importance, et à titre de simple boutade, des propositions et assertions dans le goût de celles-ci :

— Si nous allions au Righi de Vincennes ?...

— Eh! la vallée de la Marne vaut peut-être la vallée du Lys à Bagnères-de-Luchon...

Ma fille faisait chaque fois une grimace significative. Bien qu'un père doive se soumettre, je m'étais promis de ne pas céder et j'ai tenu parole.

A l'époque où la profession de journaliste était moins absorbante qu'aujourd'hui, j'avais acheté à Vincennes une petite maison, avenue des Charmes, à l'entrée de la ville et à proximité du bois. Depuis un an je l'avais abandonnée sans la louer; elle était libre, à peu près meublée; j'avais là une occasion unique de satisfaire ma fantaisie bucolique. Je finis par vaincre la résistance de ma grande fille. Nous avons passé trois semaines de pleine liberté à la porte de Paris. J'ai pris tant de plaisir à inventer un coin de la vallée de la Marne que je veux donner une relation de mon congé, désireux que je suis de convaincre les Parisiens de l'avantage qu'ils auraient à rester dans les environs de leur ville sans seconde, au milieu de sites merveilleux, variés à l'infini, féconds en surprises, aux multiples aspects sans cesse renouvelés.

C'est ma seule ambition. Si j'ai pris un titre qui rappelle vaguement celui d'un livre célèbre : Voyage autour de ma Chambre, *par Xavier de Maistre*, c'est qu'il répond bien à ce que je *me propose de faire; j'aurais dû intituler ces promenades :* Voyage autour de ma Maison, *mais j'estime qu'il faut être précis en littérature et bien avertir le lecteur de ce qu'on veut lui dire. Ma maison n'a d'intérêt que par sa proximité des bois et de la vallée de la Marne, dont le viaduc de Nogent est le point central.*

Les chefs-d'œuvre ne se font ni sur commande ni sur mesure. Lorsqu'il entreprit de noter ses impressions, ses pensées, ses rêveries imaginatives, le comte Xavier de Maistre était aux arrêts forcés. Le Voyage autour de ma Chambre *marquait un pas en avant dans la voie de la philosophie moins austère, plus tolérante que celle d'autrefois, avec une pointe de scepticisme élégant et aimable; ce livre fut accueilli comme une sorte de catéchisme mondain; aujourd'hui il est consacré chef-d'œuvre et chef-d'œuvre il restera, bien que, à part la distinction quelque peu subtile entre les deux natures humaines, la bête et l'autre, il y ait fort peu de chose au fond et même dans la forme.*

Alphonse Karr a écrit le Voyage autour de mon Jardin, *études fantaisistes d'arboriculture ;* Mme *Adam (Juliette Lamber),* Voyage autour du Grand Pin, *descriptions mouvementées de l'extrême Midi.*

Les précédents ne me manquent donc pas. Je le répète, je veux tout simplement réagir contre la passion qui entraîne les Parisiens au loin, dans les montagnes ou sur les bords de la mer, alors qu'ils ont à la portée de leur main les plus charmantes et les plus amusantes des villégiatures.

PREMIÈRE JOURNÉE

Vendredi 3 août 1888.

Voyages et voyageurs. — Le père Lambert. — Douche de
la perruche. — A Ville-d'Avray. — Panorama de Paris.
— Un millionnaire en simple fiacre.

J'admire les gens qui, ayant toujours une
valise prête, montent en wagon sans hésita-
tion ni regret ; en deux nuits et un jour ils
font, aller et retour, le voyage de Paris à Marseille ; ils brassent des affaires pendant les six
ou sept heures de leur séjour, ce qui ne les
empêche pas de faire honneur au repas de
midi, le dîner des méridionaux ; les grands
voyageurs sont des robustes ; on les retrouve,

trente-six heures après leur départ, frais et dispos comme s'ils revenaient de la promenade.

Ils sont « dans le train », direz-vous, ce sont des jeunes ; pas le moins du monde ; l'âge n'est pour rien dans l'affaire ; c'est une question de tempérament. Le chemin de fer qui horripile les nerveux, qui berce agréablement les flegmatiques, laisse les sanguins indifférents. Heureux hommes ! je n'ai pas ce bonheur, je n'ai même pas la résignation de ceux qui, une fois partis, s'habituent au voyage et se plient aux nécessités. Les extrêmes se touchent ; par excès de surexcitation je serais capable d'imiter un bourgeois de mon pays natal qui a laissé un souvenir digne d'être conservé.

On l'appelait le père Lambert. C'était un vieux garçon profondément égoïste et maniaque ; laid à faire peur, avec un nez énorme, effroyablement bourgeonné et qui faisait la joie des gamins du pays. Le père Lambert n'était jamais sorti du village de Sérignan

(Vaucluse); il ne connaissait que sa maison, son jardin, sa grangette et traitait de fable tout ce que l'on racontait sur Paris.

C'était vers 1820. Les amis du père Lambert l'avaient si souvent et si impitoyablement plaisanté sur ses habitudes casanières, qu'un beau jour il annonça son départ pour Paris.

— Ce n'est pas, dit-il, que j'aie envie de voir la capitale, mais à mon retour vous me laisserez tranquille; ce sera un bon débarras.

Personne ne croyait à la réalisation de cette menace; mais, comme tous les timides et les indifférents, le père Lambert poussait à l'extrême ses résolutions. Dès le lendemain il était parti.

Le voyage de Paris, il y a soixante-dix ans, était long, difficile, fatigant; à moins de prendre la malle-poste ou les Messageries Laffitte, on devait se contenter des diligences, des bateaux, des pataches qui vous laissaient où bon leur semblait.

Le père Lambert resta vingt-un ou vingt-deux jours en route ; ce ne fut pas sans un soupir de satisfaction qu'il apprit la bonne nouvelle de sa prochaine arrivée au Pont-Neuf, lequel était le principal débarcadère des voyageurs.

A cette époque lointaine et pour ainsi dire antédiluvienne, Paris n'était pas la ville surmenée qu'elle est aujourd'hui. On avait quelques loisirs ; l'arrivée des bateaux au Pont-Neuf attirait les curieux et aussi les officieux parmi lesquels des polissons s'offrant à faire toutes commissions et corvées, mais prompts aux quolibets.

Quand ils virent débarquer le père Lambert avec son gros nez rendu plus violacé encore par les fatigues du voyage, ils jetèrent aux échos un retentissant éclat de rire.

— Ah ! quel nez ! ah ! quel nez ! s'écria l'un des gamins.

Et tous les autres de répéter en cadence : Ah ! quel nez ! ah ! quel nez !

Le père Lambert un instant interloqué reprit vite son aplomb :

— *Amaï ici ia de couyoun* (aussi ici il y a des imbéciles), dit-il, et, rebroussant chemin, il prit le bateau en partance pour la remontée de la Seine. C'est tout ce qu'il vit de Paris. De retour à Sérignan, sa mésaventure eut du moins l'avantage de désarmer ses persécuteurs.

Imiterais-je jusqu'au bout le père Lambert, le cas échéant, je n'oserais l'affirmer. Ce que je dois dire, c'est que j'ai grand'peine à me mettre en route. Je profite de tous les motifs de retard.

C'est pourquoi, ma femme étant légèrement indisposée, mon premier jour de congé je l'ai consacré à une tournée de revision. Je suis allé pendant l'après-midi dans les bois de Ville-d'Avray avec mon fils Henri, âgé de douze ans et demi et ma fillette, Madeleine, qui en a sept.

Toutefois, je dois noter pour la matinée une jolie petite scène de genre. Je revenais du Hammam après avoir pris ma douche quotidienne et je suivais la rue Lafayette. Presque

en face du *Petit Journal*, une dame faisait
faire la toilette à sa perruche sur le bord du
trottoir. L'oiseau était dans sa cage sur son
perchoir. Sa maîtresse faisait tomber sur elle
de l'eau froide à l'aide d'un arrosoir ayant
une pomme percée de très petits trous et
donnant une pluie fine. La perruche battait
des ailes, gonflait les plumes de son cou,
dodelinait de la tête, faisait des yeux en cou-
lisse, poussait de petits cris ; elle était vraiment heureuse. Sa maîtresse était plus heureuse encore ; elle rayonnait.

— Tu raconteras à ta grande sœur ce que
tu as vu, dis-je à mon fils qui était venu me
chercher au Hammam ; ce qu'il fit non sans
malice et avec un certain sentiment de la mise
en scène.

— Mais c'est à Paris que vous avez vu cela.
Paris est toujours intéressant, dit ma fille
sentencieusement.

Je n'ai rien répondu, sachant que les boude-
ries de jeune fille sont aggravées par la con-
tradiction. Patience et longueur de temps...

C'est dans ces dispositions que j'ai fait la
partie de Ville-d'Avray avec mon garçon et
ma fillette. Oh ! la bonne promenade à travers
bois, dans les sentiers ombreux, pleins des
souvenirs charmants de la vingtième année !...

Malheureusement, j'ai dû constater que
Cabassud, méridional, lui aussi, n'était plus
là, avec sa joviale et bonne figure, pour ani-
mer les berceaux de son hôtel-jardin-restau-
rant qui va de la route au lac. Il était mort
depuis le commencement de la saison d'été.
Pauvre père Cabassud ! Il lui sera beaucoup
pardonné parce qu'il a vu plusieurs générations d'amoureux traverser sa maison et faire
retentir son jardin de leurs chansons et de
leurs baisers !

Mais comme la vie ne s'arrête pas, nous
sommes rentrés sous bois pour faire les tradi-
tionnels bouquets de Ville-d'Avray ; un de
ces bouquets était composé de branches de
bruyère fleuries, l'autre de fleurs des champs ;
et nous sommes revenus à Paris sur l'impé-

riale du wagon ; j'avais voulu montrer à mes enfants le merveilleux panorama de Paris. La tour Eiffel, déjà arrivée à sa deuxième plate-forme, produisait un superbe effet de sveltesse au milieu des monuments sérieux et solides répartis dans le fond de l'horizon : le dôme des Invalides, le Panthéon, les tours de l'église Saint-Sulpice.

Tout cela — moins la tour Eiffel — a été décrit des milliers de fois par des poètes et des stylistes ; personne que je sache n'a rendu l'impression de grandeur, à la fois et de quasi-terreur, mais d'irrésistible attraction qui se dégage de ce spectacle magique : Paris. Je me suis contenté de jouir du panorama et de caresser mes pensées et mes souvenirs, tout en surveillant l'ébahissement inconscient des enfants, d'autant plus portés à se mettre en dehors que le chemin de fer paraît ralentir sa marche ; comme s'il était fasciné lui aussi par le grand charmeur....

En rentrant dans Paris, au sortir de la gare Saint-Lazare, j'ai montré à Henri et à Madeleine M. Marinoni, directeur politique du *Petit Journal*, le richissime constructeur de machines qui se dirigeait du côté de son hôtel de l'avenue du Bois de Boulogne en simple fiacre découvert.

— Oh ! s'est écrié mon fils, un homme qui a de si beaux chevaux et des voitures magnifiques !

Cette exclamation, ma grande fille ne l'a pas négligée ; je m'y attendais ; elle avait reçu avec une moue dédaigneuse le bouquet de fleurs des champs que sa sœur lui apportait, tandis que sa mère accueillait avec la reconnaissance des souvenirs heureux le bouquet de tiges de bruyère.

Les enfants ne se souviennent pas encore ; ils ont, leur semble-t-il, l'éternité devant eux et cependant l'impatience de vivre les tourmente. Rien ne servirait de raisonner ; il faut savoir attendre. C'est ce que j'ai fait. Je n'ai même pas bronché quand ma fille m'a dit :

— Si au moins tu nous conduisais dans la vallée de la Seine ! Saint-Cloud, Meudon,

Ville-d'Avray, Versailles ; ce sont là des villes, des bois et des sites que l'on peut avouer ?

Patience, patience. Un jour viendra, ma fille, où tu me remercieras de t'avoir donné d'aussi bonnes vacances dans le rayon de notre maison, en plein bois de Vincennes. autour du viaduc de Nogent-sur-Marne.

Mais n'anticipons pas sur les événements.

DEUXIÈME JOURNÉE

Samedi 4 août.

Le Bois de Vincennes ancien et nouveau. — M. Alphand. — Le pavillon de l'Empereur. — Les canots du lac. — La mauvaise saison. — Le Parisien ne rend pas.

Pourquoi Napoléon III, ce rêveur nébuleux?... Mais, pardon, je ne suis pas ici pour faire de la politique. L'Empire a été généreux et prodigue à l'égard de Paris ; il lui a donné de l'air en ouvrant de grandes voies, en créant des jardins et des squares ; il l'a doté de vastes promenades en aménageant les bois de Boulogne et de Vincennes.

Avant les transformations exécutées d'après les plans et sous la direction de M. Alphand, directeur général des travaux de Paris, le bois de Vincennes formait une immense forêt occupant tout le plateau qui, du fort, s'étend jusqu'à la couronne de la vallée de la Marne, d'une part, jusqu'à Charenton sur la Seine de l'autre.

Point de chemins ni de sentiers ; seule la grande route nationale traversait cette forêt, se dirigeant du fort vers Nogent et de laquelle se détache, à deux ou trois cents mètres, la route départementale descendant vers Join-ville et allant desservir la Brie.

Derrière le fort s'étendait un vaste espace disposé pour le tir au fusil et au canon, qui s'est trouvé tout prêt pour devenir un champ de courses.

M. Alphand a tiré merveilleusement parti de ce bois ; il l'a aménagé avec le goût d'un artiste et le sens pratique d'un ingénieur, le sillonnant de larges chemins carrossables et de discrets petits sentiers ; il a creusé trois lacs alimentés par le grand réservoir du pla-teau de Gravelle et qui, à l'aide de jolis ruis-seaux dont les eaux murmurantes forment une sorte de base d'orchestre aux joyeuses chansons des rossignols, des bouvreuils, des rouges-gorges, se desservent l'un l'autre, allant de Vincennes à Saint-Mandé, de Saint-Mandé à Charenton avant de se perdre dans la Seine.

De-ci de-là des esplanades gazonnées et des salles de verdure où les familles vont faire la dînette le dimanche, où les enfants jouent sans crainte pendant la semaine.

M. Alphand, je l'ai dit, est un artiste doublé d'un homme pratique; les intérêts de la Ville n'ont pas été négligés; on a débité et vendu par lots une bande de terrain qui restreint à peine la forêt; la vente a couvert et au delà les frais de transformation. De Charenton à Saint-Mandé, puis de Vincennes à Nogent, la lisière du bois s'est couverte de maisons et de villas qui forment deux ou trois rangées parallèles.

A partir de Vincennes, la limite se trouve au chemin de ronde qui longe la tranchée du chemin de fer; les propriétaires sont obligés de clore leur terrain avec une grille et de bâtir à une certaine distance, de telle sorte que les promeneurs ont l'illusion du bois continué et de plus l'agrément de jardins coquettement entretenus et ornés de corbeilles d'arbustes et de fleurs multicolores.

L'Empereur qui, au fond, avait les goûts d'un bon petit bourgeois, avait demandé un pavillon donnant sur le lac de Vincennes; il y allait volontiers en semaine passer une après-midi, sans suite, en famille; il respirait à pleins poumons et se donnait la joie de canoter. Car si le dimanche il y a foule et même cohue dans le bois de Vincennes, les jours de semaine c'est la solitude, mais une solitude qui ne vous écrase pas. On sent dans le lointain gronder la grande ville et sous ses pieds la Marne qui chantonne.

Mon premier soin, en arrivant à Vincennes a été de faire une promenade de prise de possession dans le bois.

Ma femme, sans être tout à fait remise de son indisposition, avait pu faire le voyage.

Nous avions trouvé la maison meublée tant bien que mal, plutôt mal que bien ; nous avions apporté la batterie de cuisine indispensable ; à la guerre comme à la guerre ! N'ai-je pas dit que je tentais une véritable expédition ?

Les débuts en ont été charmants. Laissant ma grande fille avec sa mère, je suis allé faire le tour du lac avec Henri et Madeleine.

De la maison pour aller au bois, je suis l'avenue des Charmes jusqu'à celle des Sabotiers, laquelle se trouve à l'extrémité de ce que l'on appelle le Parc, promenade gazonnée qui fait suite au cours Daumesnil.

Après avoir tourné la maison du garde, nous sommes en plein bois, et tout de suite j'ai senti une bonne odeur printanière ; c'était la seconde floraison du chèvrefeuille, cette plante grimpante aux fleurs abondantes, au parfum pénétrant qui a le bois de Vincennes pour quartier général. Il n'est presque pas de chêne qui n'ait son chèvrefeuille. J'avoue que je ne sais pas résister à l'appel d'une de ces fleurs ; il me semble que ce serait faire injure

au pst visuel qu'elle semble jeter en se dissimulant au haut de sa tige qui s'étire.

Pendant que les enfants s'en allaient vers
le lac, j'avais commencé mon premier bouquet; il m'a fallu l'interrompre, car, en arrivant au lac, nous avons vu un des canots de
service qui s'arrêtait à vide à l'embarcadère
disposé près du pavillon de l'Empereur; le batelier venait de conduire aux îles une des
noces du samedi lesquelles ont une saveur
particulière; les gens de la noce s'amusent
comme s'ils étaient à cent lieues du boulevard des Italiens; la mariée n'est nullement
embarrassée de sa robe blanche, de son voile,
de son bouquet, de sa couronne. Et allez
donc !...

Les promenades en bateau seront néces-
sairement un de nos plaisirs de prédilection
pendant le congé qui commence. Je venais au
lac avec l'intention d'essayer et de me rendre
compte des goûts des enfants.

Ceux-ci avaient deviné ma pensée; avec
leur machiavélisme inné dont les parents

sont toujours dupes, ils sont allés au bord du lac, devant le bateau.

— Que faites-vous là, mes enfants ?

— Rien.. Nous regardons le bateau, dit Henri ; il a un joli nom : la *Mouette.*

— Ne devons-nous pas faire le tour du lac ?

— Oui, papa, dit vivement Madeleine, mais tu n'as pas dit comment nous le ferions.

— Tu voudrais donc le faire en bateau ?

— Si tu veux, papa.

Sans rien demander, ce qui est défendu, Madeleine et Henri étaient arrivés à leurs fins. Ils avaient dû ourdir en route leur petit complot, car Henri frétillait de joie.

Donc nous montons dans le bateau, beaucoup trop grand pour trois passagers, il y a douze places.

Les bateaux du lac de Vincennes — son nom officiel est lac des Minimes — appartiennent à la Ville de Paris qui les exploite. Les canotiers sont au service de la Ville au titre de cantoniers ; les courses sont tarifées ; ils ont pour eux les pourboires.

Le canotier de la *Mouette* s'appelle Fauchard. C'est un solide gaillard à la figure
épanouie, un brave homme que nous avons
été très heureux de retrouver pendant tout
notre congé; depuis vingt-sept ans il est canotier; c'est le doyen, il a dressé tous ses camarades.

Mes lecteurs, n'ont peut-être pas oublié ma
profession de foi à l'égard de la mer. Je suis
obligé de la compléter par un aveu. Le temps
était calme sinon beau; pas un souffle d'air.
L'eau du lac était tranquille, sans la moindre
ondulation. Le bateau allait d'un mouvement
régulier, dirigé par un batelier vigoureux et
rompu au maniement des rames. Eh bien! à
peine avions-nous navigué pendant cinq
minutes que j'éprouvai un malaise indéfinis-
sable, moitié éblouissement, moitié somno-
lence. J'essayai de lutter; bientôt les signes
caractéristiques des nausées s'affirmèrent et
l'on dut me ramener au plus vite à l'embarcadère de la Porte-Jaune.

C'est un café-restaurant très coquet, au milieu d'une île, entouré d'un vaste jardin très bien entretenu. Les consommateurs se trouvent sous de grands arbres ombreux.

Le malaise n'avait pas eu le temps de devenir une maladie; je fus vite remis et pendant que les enfants reprenaient leur promenade en bateau, j'entrais en relations avec le garçon de la Porte-Jaune chargé du service au bord de l'eau.

De même que le canotier de la *Mouette*, le garçon s'est plaint du tort que la mauvaise saison fait aux environs de Paris.

Si ce n'était que la mauvaise saison, on espérerait se rattraper l'année prochaine; mais je ne devais pas tarder à apprendre dans mes courses que l'état de crise générale dans lequel nous vivons se fait sentir même dans les plaisirs. Les Parisiens vont tout autant à la campagne qu'autrefois, seulement ils ne dépensent rien; ils emportent leur dîner dans un panier et font leur repas sur l'herbe.

Les intéressés ont une formule, toujours la même, pour caractériser cette situation :

— Le Parisien ne rend pas, disent-ils.

L'un d'eux a ajouté :

— La limonade, ça va encore, mais le restaurant est bien malade.

En termes du métier, on appelle limonade tout ce qui est boisson : café, bière, liqueurs, etc.

J'avais eu le temps de préparer mes découvertes en causant avec le garçon qui n'avait rien à faire; j'étais le seul consommateur à ce moment-là. Lorsque le bateau est revenu, j'avais déjà pris le pied campagnard. Vous ai-je dit que j'avais endossé un costume de quasi paysan? Je ne l'ai presque pas quitté.

— Allons! allons! enfants, rentrons vite à la maison. Votre mère a peut-être besoin de nous.

Fort heureusement il n'en était rien. Ma femme ressentait déjà les effets du bon air; je la trouvai jardinant et je n'eus pas le courage de la gronder. Il est des fatigues vivifiantes.

TROISIÈME JOURNÉE

Dimanche 5 août.

La Marne. — La Boucle. — Traversée par la voie de terre. — Nogent et Joinville. — L'île de Beauté. — Les canotiers.

Avant de se jeter dans la Seine, le grand fleuve parisien, la principale rivière des environs de Paris, la Marne, fait des détours et des méandres de plus en plus sinueux; à partir de de Lagny, elle tourne et détourne jusqu'à la grande boucle de Joinville-Champigny-La Varenne. Telle une coquette incline la tête, se renverse, dodeline, se redresse et pousse un cri suprême avant de se jeter dans les bras de son amant.

Ces sinuosités de la Marne, très appréciables sur une carte, ne sont pas sensibles dans la vallée de la capricieuse rivière. Le cours en est si faible que le promeneur inexpérimenté ignore le plus souvent s'il descend ou s'il remonte. Cela n'a pas d'importance lorsqu'on va à l'aventure, ayant quelques heures de plein air à dépenser. Pour les touristes, au contraire, il est indispensable de savoir où l'on va.

Le chemin de fer de Vincennes, à partir de la grande station militaire, fait toutes sortes de détours et de circuits pour aller trouver les communes existantes et pour favoriser la création de centres de population. Le flâneur se méprendrait étrangement s'il espérait aller au plus court en suivant la voie ferrée; ce serait absolument comme s'il côtoyait la Marne.

Au contraire, par la voie de terre, il y a des raccourcis étonnants; l'on est tout surpris d'arriver directement à des localités où le chemin de fer ne vous eût amené qu'après trois ou quatre arrêts.

La route de terre, la plus agréable à la fois et la plus rapide que je connaisse, comparée à la route ferrée, est celle qui va de Vincennes à Champigny. On descend à Joinville à travers bois ; on passe le pont ; après avoir laissé à gauche le village de Poulangis en formation, l'on suit un chemin ombragé par de grands arbres, un boulevard, pour mieux dire, un boulevard bordé de chaque côté, et presque sans interruption, par des maisons appartenant soit à de petits rentiers, soit à des cultivateurs.

Je me suis amusé un jour à conduire de Vincennes à Champigny, par la voie de terre, un Anglais qui voulait visiter les monuments commémoratifs des terribles combats de 1870.

Comme tout bon Anglais, mon compagnon de voyage avait constamment son guide à la main. Quand nous arrivâmes à Joinville, il réclama les deux stations précédentes : Fontenay-sous-Bois et Nogent-sur-Marne. A Champigny, il refusait obstinément d'aller au monument, déclarant que je lui faisais tort des stations de Saint-Maur et du Parc.

Il y a six kilomètres de Vincennes à Champigny; on peut faire le trajet en une heure; je m'étais proposé d'y aller dans la matinée, désireux de faire une visite d'empressement à la famille Céalis, des amis d'enfance, dont j'aurai l'occasion de parler. Malheureusement une pluie diluvienne nous a tenus enfermés toute la matinée; à grand'peine a-t-on pu aller à la messe.

Si philosophe que l'on soit ou que l'on ait promis d'être, la pluie est attristante, c'est le grand fléau de la villégiature. La chaleur torride, le soleil implacable, le vent furieux ont des inconvénients que je suis loin de contester, mais on peut les braver ou s'y soustraire, tandis que la pluie tempétueuse qui fouette le visage et oblige à fermer les yeux est absolument insupportable.

Heureusement l'église de Vincennes est

tout près de la maison ; heureusement aussi la pluie a cessé à partir de midi et nous avons profité de cette accalmie, les enfants et moi, pour aller visiter Nogent et Joinville, les deux stations classiques du canotage marnien.

Je ne suis ni exclusif ni de parti pris ; pour aller directement de Vincennes à Joinville et s'y arrêter, le chemin de fer est préférable à la voie de terre, parce qu'il donne la sensation d'un admirable changement à vue, comme dans le théâtre le mieux machiné. Depuis Paris, la voie ferrée est creusée sous terre, ou bien enfouie dans des tranchées profondes ; la différence de niveau, entre Paris et le plateau de Vincennes, la traversée souterraine de deux villes le veulent ainsi ; mais lorsqu'enfin le chemin de fer s'est débarrassé de toutes les entraves, il domine le merveilleux coin de Marne, limité d'un côté au viaduc du chemin de fer de Mulhouse, et qui, de l'autre, s'en va jusqu'aux hauteurs de Champigny aperçues dans le lointain.

L'effet produit peut se comparer à la sensation que l'on éprouve en débouchant en deçà de Saint-Cloud sur le panorama de Paris, mais avec des effets contraires. A Joinville l'horizon est moins étendu, on n'a pas l'impression terrifiante de la grande ville; on est envahi par un sentiment de bien-être et de soulagement. C'est le plein air après la poussée humaine; c'est la campagne verdoyante après la ville aux maisons-casernes.

Quand on veut aller à la découverte de la Marne par Nogent, il faut suivre la grande route; l'impression est toute autre; on prend à petites doses, progressivement, un bain de nature. Paris vous suit jusqu'à l'entrée de la ville, grâce au tramway à air comprimé, véhicule silencieux qui ressemble à un sphynx et dont l'aimable docteur Delthil, à qui la région nogentaise doit ce moyen de communication, nous fera un jour les honneurs.

Le chemin le plus direct pour aller à la Marne n'a rien de grandiose, encore moins de poétique. Après avoir franchi le pont du chemin de fer et dépassé le rond-point de Nogent, on arrive à l'entrée de la grande rue ; une ruelle descend à droite ; on la suit ; on marche entre des murs blanchis à la chaux, ayant, par place, grand besoin d'être récrépis, des murs nus, tristes, servant de clôture à des propriétés privées. Les maisons surplombent la vallée et donnent aux habitants de continuelles distractions. Le flâneur ne voit rien, n'entend rien ; il chemine sur un sol inégal, plein de fondrières creusées par la pluie, obstrué par de grosses pierres mises à nu.

S'il est vrai que pour gagner le Paradis il faut marcher dans un chemin rocailleux, la municipalité de Nogent a raison de ne pas entretenir cette ruelle.

Mais les voyageurs en route pour la Marne entonnent plus volontiers des chansons que des cantiques ; ils préfèrent la danse légère et folle à la procession lente et cadencée ; il y aurait donc intérêt à mettre la ruelle en bon état. Il faut être un vieux habitué des environs de Paris pour ne pas réclamer.

Ma grande fille, qui n'a pas encore été tou-
chée par la grâce de la Marne, se révolte contre
toutes les aspérités de la route. Je ne souffle
mot. Lorsque enfin nous arrivons au bas de la
côte, à la passerelle qui conduit dans l'île de
Beauté, il m'a semblé percevoir en même
temps qu'un soupir d'allégement, un tressail-
lement d'étonnement et même de satisfaction.

C'est qu'elle est délicieuse cette île de Beauté.
Je n'ai pas vérifié si le ruisseau qui la sépare
de la terre ferme est naturel ou si c'est un canal; que ce soit l'un ou l'autre, peu importe,
la réalité est la même et elle est charmante.
L'île est divisée en une infinité de petites
propriétés; des maisons qui sont des nids de
verdure; de minuscules jardins; partout des
habitants joyeux, des pêcheurs à la ligne, des
canotiers. Entre les promeneurs et les habitants existe une sorte de franc-maçonnerie, de
familiarité qui donne à ce coin de Marne une
agréable saveur de sans-façon; ce serait parfait si les uns ou les autres ne tombaient pas,
trop souvent, dans le débraillé.

Nogent et Joinville sont les boulevards de la Marne. Du bruit, des chants, des danses, des interpellations. C'est bon pour les garçons. En ma qualité de père de famille, je préfère les sites moins fréquentés; j'ai été même quelque peu honteux d'être venu. Malgré la pluie du matin, il y a beaucoup de monde et beaucoup de tapage; c'est dimanche, je l'avais oublié.

Nous faisons néanmoins le tour de l'île en suivant le ruisseau. Arrivés à l'extrémité d'où l'on aperçoit le viaduc, ma grande fille commence à se dérider; elle s'arrête étonnée et quelque peu émue.

— Quel dommage, dit-elle, que ce paysage ne se trouve pas dans les Pyrénées!...

Allons ! allons la réaction commence; elle va continuer au retour le long de la Marne. Les canotiers forment un amusant spectacle; il y a d'ailleurs des équipes qui manœuvrent avec une rectitude surprenante. Nous avons surtout remarqué une périssoire à quatre rameurs.

Le petit bateau filait rapide et en apparence immobile, tant les rames frappaient l'eau avec ensemble. Il s'est trouvé qu'un des rameurs était de nos connaissances. En abordant à Joinville, il est venu nous saluer; ma fille a été flattée d'avoir parmi ses relations un jeune homme faisant partie d'une équipe aussi remarquable. Deuxième étonnement doublé de satisfaction de la journée.

. Nous avons repris la route de Vincennes à travers bois et le babil a commencé sur ceci et sur cela. Je crois avoir bien mérité de la gravité et de la dignité paternelles, car je n'ai pas fait la plus petite allusion à l'évolution dont je constatais les progrès.

Henri et Madeleine n'ont pas cessé de courir, de cueillir des fleurs, de chasser des papillons, si bien que les uns et les autres nous avons bien gagné le dîner qui nous attendait; nous lui avons fait grand honneur en compagnie du docteur Fèvre, médecin à Fontenay-sous-Bois, et de M. Laffon, rédacteur hippique au *Petit Journal.*

Je me contente de mentionner leur présence aujourd'hui; nous les retrouverons plus tard. De même que pour les peintres, rien n'est plus difficile pour les écrivains que de faire des portraits; il faut pour entreprendre un portrait être dispos d'esprit et de corps.

QUATRIÈME JOURNÉE

Lundi 6 août.

Remise du drapeau. — Les trois lacs du bois. — Jeux de
société. — La grande cartoucherie. — Marché en plein
vent.

Tarata ratata ratara tarata...

Dans une ville de garnison comme Vincennes, le son du clairon est si habituel qu'on n'y fait plus attention ; je me trompe, on ne s'en étonne, ni on ne s'en effraie ; mais par patriotisme et par chauvinisme, ces deux sentiments inhérents au caractère français, chacun accourt et se met sur sa porte pour voir passer les régiments ou les escadrons d'artillerie.

Réveillé en sursaut par la sonnerie que je me suis efforcé de traduire ci-dessus, je constatai qu'il était de très bonne heure ; de plus, lorsque les clairons eurent terminé leur fanfare, j'entendis les commandements : « Portez, armes !... Présentez, armes ! » Puis une fanfare nouvelle commença.

Je sautai du lit et me mis à la fenêtre derrière le rideau ; toute la maisonnée m'avait imité ; ma petite gamine avait même ouvert la porte-fenêtre de ma chambre et s'était postée sur le balcon pour mieux voir. Nous assistions à la remise du drapeau entre les mains du colonel du 12ᵉ régiment d'artillerie.

Le colonel Bonnefond, — aujourd'hui général, — habitait la maison contiguë à la mienne ; c'est ce qui m'a valu deux ou trois fois pendant mon congé de voir cette solennité militaire à laquelle je n'ai jamais assisté sans être ému. Je constate, ne devant plus en parler, que, tantôt les clairons étaient à cheval, tantôt à pied, et je me plais à leur rendre cette justice qu'ils sonnaient en parfait unisson, les dessus ayant un éclat strident et les basses une tenue vibrante et profonde.

Le drapeau est l'image de la famille militaire et par extension de la patrie.

Ce qu'est le drapeau, un vaillant soldat va nous le dire, le colonel Kessler, commandant le 35ᵉ régiment d'infanterie de ligne, à Belfort, sur la frontière allemande, dans cette ville que M. Thiers, à force de supplications, parvint à conserver à la France pendant les douloureuses négociations pour la paix.

En présentant le drapeau français aux recrues de son régiment le colonel Kessler leur a dit :

« Jeunes soldats de la classe de 1887,

« Je vous présente le drapeau du 35ᵉ régiment d'infanterie.

« Vous avez depuis peu quitté vos foyers pour venir prendre place dans les rangs de votre nouvelle famille, la famille militaire, le régiment dans lequel vous venez puiser l'esprit de discipline et l'instruction militaire qui doivent faire de vous de braves et vaillants soldats, prêts à toute heure à répondre à l'appel de la patrie.

« Ce noble drapeau que vous voyez pour la première fois est pour nous tous le symbole mystérieux des sentiments nobles, élevés, généreux qui remuent l'âme du soldat !

« L'image de la patrie : la voilà !

« L'honneur du régiment : le voilà !

« Notre relique sacrée : la voilà !

« Le soldat ne doit avoir qu'un sentiment au cœur : l'amour du drapeau !

« Une seule passion : la fidélité au drapeau !

« Un seul but : l'honneur du drapeau !

« Une seule volonté : la gloire du drapeau ! »

Je ne connais pas de plus belle glorification du drapeau. Dans son laconisme martial, cet appel au devoir, cette évocation de la patrie, à deux pas des Allemands qui toujours nous guettent, m'ont fait tressaillir d'émotion et d'espérances.... A quelle époque se réaliseront-elles ces espérances! Dieu seul le sait. Gardons et entretenons précieusement le culte du drapeau pour être toujours prêts à toute éventualité.

Le 12e régiment d'artillerie, dont nous venons de voir le drapeau remis en grand apparat au colonel, a un glorieux passé. Ce drapeau porte les noms des victoires et des campagnes que voici : Mouzaïa, — Zaatcha, — Sébastopol, — Solférino, — Extrême-Orient. La ville de Vincennes est très fière de ce régiment qui est vraiment digne de la vieille cité militaire.

Tous nous avions regardé les péripéties de la cérémonie de la remise du drapeau en nous dissimulant derrière les rideaux ; seule Madeleine, avec l'avide curiosité et l'inconsciente naïveté de son âge, manifestait son plaisir et sa joie en sautant et en battant des mains ; la nudité de ses jambes ne la gênait pas; vainement nous l'appelions, elle ne nous écoutait pas ou feignait de ne pas nous entendre; elle faillit compromettre le sérieux de la compagnie; le lieutenant qui, le sabre en main, présentait les armes au drapeau, pendant la dernière fanfare, se mordait les lèvres jusqu'au sang pour ne pas éclater de rire; sa voix tremblait lorsqu'il fit les commandements du départ, le drapeau ayant été reçu par le colonel.

Madeleine aurait voulu pouvoir suivre les soldats; elle se contenta de simuler la sonnerie des clairons. Je profitai de son entrain pour la faire habiller au plus vite, ainsi que son frère, afin d'aller faire une grande tournée matinale.

Même quand ils sont à la campagne, les Parisiens se lèvent tard; ils ne se coucheraient pas, mais ils ont grand'peine à quitter le lit.

Nous fîmes vivement un premier déjeuner et nous partîmes à l'aventure. Malheureusement le temps menaçait; nous n'étions pas sans inquiétude. Je résolus de ne pas m'éloigner des régions habitées afin de pouvoir trouver un refuge en cas de pluie.

On connaît le régime des eaux dans le bois de Vincennes ; nous avons déjà parlé du lac des Minimes (ou de Vincennes), allons à la découverte des deux autres lacs.

Le bois est séparé en deux par le champ de manœuvres et de courses, immense espace vide qui s'étend depuis le fort jusqu'à la redoute de Gravelle. La partie supérieure où se trouve le lac des Minimes est fréquenté surtout par les Parisiens, parce qu'elle se relie à la Marne ; ils y viennent exprès, à pied, par le chemin de fer ou le tramway. L'autre partie qui descend jusqu'à Charenton est plutôt le domaine des habitants de Saint-Mandé et des communes avoisinantes.

Et voyez comme c'est extraordinaire ! La partie supérieure est broussailleuse et presque restée à l'état sauvage, tandis que l'autre est soignée, ratissée, émondée, peignée. La première est un vrai bois, la seconde un square.

Toutes les faveurs administratives n'ont pu détourner le courant des promeneurs.

Le lac de Saint-Mandé est petit, sans accident de terrain, sans grands massifs d'arbres, un nid d'amoureux langoureux et calmes. Le lac de Charenton, ou lac Daumesnil, est au contraire une vaste pièce d'eau coupée d'îles, précédée de grandes pelouses. L'une des îles est ornée d'un pavillon aux apparences de temple grec.

Nous touchons à Paris. et M. Alphand, qui a la passion de Paris, a fait risette à la grande ville. Les Parisiens, ingrats, s'en vont au loin. Que voulez-vous, monsieur le directeur général des travaux, vous avez affaire à des indépendants. Le Parisien est l'être le plus facile à vivre, seulement il veut faire et il fait ce qu'il lui plaît.

Mes enfants sont bien Parisiens par ce sentiment d'indépendance. Quand ils virent les pelouses ratissées, les chemins arrosés, les tramways manœuvrant sur la grande route, ils se sentirent en pleine civilisation et de-

mandèrent à retourner à la maison, c'est-à-
dire à la liberté.

— Tu comprends, papa, me dit Henri, le
tramway avec son avertisseur imite à s'y
méprendre la cloche du collège. Je veux bien
faire mes devoirs de vacances, mais à mon
heure et sans y être astreint à heure fixe.
Allons-nous-en...

Et ils partirent en jouant, tandis que je les
suivais de loin sans inquiétude ; le matin, il
n'y a presque personne dans le bois.

Il était temps d'ailleurs de rentrer. A peine
étions-nous revenus, la pluie commençait à
tomber, une pluie froide et pénétrante, pluie
caractéristique du triste été de 1888.

Le temps qu'il faut tuer n'a rien d'intéressant ; je dois noter toutefois que ma femme
est arrivée, par l'ingéniosité et le bon goût
dont elle a le secret, à rendre très agréable
notre intérieur, sommairement meublé, je
l'ai dit.

Sans être le sauvage dont on s'est plu de
me faire la réputation, j'avoue à ma honte

que je ne suis pas prodigue de compliments;
mais, puisque l'occasion se présente, je suis
heureux d'affirmer par expérience qu'une
femme experte aux choses du ménage, de la
toilette, de la décoration intérieure, est le
plus précieux des biens.

En attendant une éclaircie, ma grande fille
cherche et met à peu près en ordre les jeux que
nous avions laissés l'année dernière : croquet,
tonneau, balançoire, cerceau, ballon. Avec
Henri, nous mettons en état de servir un tir
à la carabine.

Le plateau de Vincennes est sablonneux;
dès que la pluie a cessé, l'eau est absorbée;
on peut se promener et jouer dans les jardins;
il y a même à ce propos une curieuse observation à faire. Tandis que les routes conser-
vent l'eau de pluie et gardent des flaques
pendant plusieurs jours sur leur tuf imper-
méable, composé de terre foulée et de cail-
loux brisés, le sol vierge revient tout de
suite à sa première destination qui est de
donner aux hommes toute satisfaction.

Vers quatre heures une éclaircie se produisit et le jeu de croquet fut installé.

Pour faire un quatrième et pour apprendre à jouer à Madeleine, je fis, malgré ma maladresse, deux ou trois parties de croquet; mais je cédai vite ma place; je m'étais promis d'aller vérifier un fait curieux qui m'avait été signalé.

Entre la route de Joinville et le champ de manœuvres, se trouve une partie du bois qui n'est pas livrée au public; il y a des champs de blé et d'avoine dépendant, je le crois, de l'ancienne ferme modèle; il y a aussi et surtout la grande cartoucherie divisée en nombreux ateliers provisoires en planches. En France, chacun sait ça, rien n'est aussi durable que le provisoire.

Des femmes, presque exclusivement, sont occupées à ce travail; elles habitent Vincennes et viennent prendre leur repas chez elles, en famille. Mais comme elles n'auraient matériellement pas le temps de préparer ce repas, comme, d'autre part, les commerçants de Vincennes sont établis en vue d'une clientèle bourgeoise, il s'est trouvé des industriels qui viennent attendre les femmes de la cartoucherie et improvisent un petit marché juste en face de l'admirable allée de marronniers dont la voûte verte est impénétrable aux rayons du soleil.

Ce marché volant est installé sur le large trottoir du cours de Vincennes.

Les femmes se hâtent de traverser la route nationale et, en un instant, il y a un fouillis humain autour des petites voitures.

Le matin à onze heures, le soir à six heures, c'est une amusante mêlée. Plus d'une fois je me suis échappé pour jouir de ce spectacle d'autant plus vivant qu'il est moins apprêté. C'est le marché sans les boutiques ni les éventaires, sans les marchandages et les bavardages; c'est aussi, c'est surtout la démonstration de la loi sociale par excellence de l'offre et de la demande.

Peut-être me reprocherez-vous de ne pas me désintéresser complètement des manifesta-

tions de la vie et des problèmes qu'elle sou-
lève à chaque pas..... Que voulez-vous? Un
congé n'est pas la retraite, et dans mon métier
il faut toujours regarder, toujours observer,
toujours réfléchir.

CINQUIÈME JOURNÉE

Mardi 7 août.

Physiologie du marché. — Vendeurs et acheteurs. — Méfiez-vous du patois. — L'herbe aux verrues. — La famille Céalis.

Toujours même temps pluvieux, gris et triste; mais c'est le premier jour de marché depuis notre arrivée à Vincennes (il y a marché le mardi et le vendredi); j'ai grand plaisir à y aller flâner et même à faire des provisions de ménage; il y a sous les éventaires de joyeuses commères au rire bon enfant, à la riposte parfois leste, mais que les clients ont presque toujours méritée par leurs hésitations, leurs marchandages, quand ce n'est pas leur pimbécherie.

Voulez-vous un bon conseil, mesdames les ménagères ? Discutez vos intérêts, mais n'ayez jamais la mine renfrognée ; n'hésitez pas, dites oui ou non ; faites un prix sans tourner et retourner le légume, le fruit ou la volaille. Les marchandes aiment les femmes résolues, sachant ce qu'elles veulent et qui ne viennent pas leur faire perdre le temps. Un de mes grands plaisirs est de noter les nuances de l'accueil fait aux clientes par les marchandes ; il est de petites acheteuses reçues le sourire aux lèvres et servies à souhait, tandis que d'autres qui font cependant de gros approvisionnements n'inspirent que des avances obséquieuses et intéressées ; on sent que le dos tourné, la marchande les envoie à tous les diables et qu'elle les a exploitées tant qu'elle a pu.

Pour les hommes, c'est pire ; il en est de tatillons et de méticuleux que l'on évite avec soin. Quand elle les voit arriver devant son éventaire, la marchande entame une grande discussion avec une cliente, puis elle passe à une autre jusqu'à ce que le mauvais acheteur se soit lassé et ait disparu.

Avis très important : les hommes qui, dans les environs de Paris, vont au marché, doivent éviter d'avoir un costume de « monsieur »; ils doivent être campagnards par le vêtement; je l'étais des pieds à la tête ainsi que mon gamin que j'avais amené avec moi.

En route nous avions rencontré le docteur Blechmann, de Paris, qui venait nous voir. Russe de naissance, M. le docteur Blechmann, notre voisin à Paris dans la maison que j'habite à deux pas du *Petit Journal*, est devenu notre ami après avoir soigné ma femme avec un grand dévouement. C'est un médecin de grand savoir et très pratique. Je lui souhaite de grand cœur tout le succès qu'il mérite.

Ayant vu le docteur, j'étais convaincu que ma femme le garderait à déjeuner; d'autre part, je savais qu'il n'y avait rien à manger à la maison; donc, parti pour le marché en flâneur, je priai le docteur de dire que je rapporterais des provisions.

Le marché de Vincennes se tient sur la petite place de l'église et sur un long ruban de trottoir de la rue de Fontenay. Depuis un an je n'y avais pas paru; je me croyais complètement oublié; pas du tout. Mes marchandes habituelles m'ont salué; je leur ai tendu la main qu'elles ont serrée après s'être soigneusement essuyées à leur tablier blanc. Les clients pouvaient bien attendre, de vieux amis se retrouvaient!... C'est étonnant la mémoire des physionomies et des noms qu'ont les commerçants.

Toujours curieux, continuant ma tournée, je m'arrêtai devant la boutique d'une marchande de légumes qui n'était pas au marché l'année précédente, une brune d'une trentaine d'années, l'œil vif, la figure réjouie, rondelette et très appétissante, ma foi. A son accent je compris qu'elle était méridionale et je lui parlai patois, ce qui est la meilleure manière de faire connaissance entre compatriotes.

Elle était languedocienne, je suis provençal; ce n'est pas tout à fait la même langue, mais on se comprend. Le patois autorise la plaisanterie et même les grivoiseries ; cela ne tire pas à conséquence. Je pris texte de belles aubergines et du nóm provençal de ce délicieux légume pour engager une conversation qui, en langue française, eût fait rougir un cuirassier.

Tout à coup la marchande se tut ; elle venait de voir une dame rouge jusqu'aux oreilles.

— Êtes-vous malade? demanda-t-elle.

— Coumprène (je comprends), répondit la dame.

Nous éclatâmes de rire ; je m'empressai de payer les aubergines et je déguerpis au plus vite quelque peu penaud. La marchande avait repris le plus naturellement du monde la vente de ses légumes. Les femmes sont décidément plus fortes que nous.....

. Un déjeuner de famille n'ayant rien d'intéressant, je m'abstiens d'en rendre compte et je reprends mon récit par la promenade faite pendant l'après-midi avec mes deux filles ; le temps s'était remis au clair; nous sommes partis avec l'intention d'aller à la Marne, laissant Henri faire ses devoirs de vacances.

Vous avez remarqué certainement que ceux qui manquent d'enthousiasme pour une localité ne font rien pour modifier leur sentiment; ils suivent toujours les mêmes routes et tournent dans le même cercle.

Ma grande fille a secoué quelque peu sa torpeur; grâce au croquet et aux jeux installés dans le jardin, grâce aux visites d'amis, elle passe gaiement ses journées, mais elle n'est pas encore habituée à la Marne.

Aussi quand je lui proposai une promenade, elle dit :

— Allons à l'île de Beauté.

C'est la tournée que nous avions déjà faite; je n'élevai aucune objection; seulement, en passant la veille sur une route du bois, j'avais remarqué, au milieu des ronces, une assez grande quantité d'herbes que, dans mon pays, on appelle l'herbe aux verrues et que les botanistes appellent la chélidoine dorée, laquelle pousse au milieu des orties, dans les haies, sur les décombres, un peu partout.

J'avais éprouvé autrefois, dans ma jeunesse, les bons effets de cette herbe; Madeleine avait une forte verrue au pouce de la main droite; je résolus d'essayer de la guérir. Naturellement ma grande fille se montra incrédule; les remèdes de bonne femme, très efficaces parfois cependant, ne sont pas bien portés. Celui-là tout au moins ayant réussi, je crois devoir indiquer comment je procède.

La chélidoine dorée est une herbe à longue tige couverte de feuilles très vertes avec des fleurs jaunes; les feuilles et les tiges ont un suc jaune, lequel suc est très concentré dans les racines. J'arrache une plante de moyenne grosseur; je coupe transversalement la racine à sa plus forte partie et je laisse le suc suinter et se coaguler pendant quelques secondes. Cela fait, j'applique sur la verrue tout le suc liquide des deux côtés de la racine et je recommande de laisser sécher sur place sans frottement.

B.

Pendant dix ou douze jours j'ai fait ce pansement et la verrue de Madeleine a disparu pour ne plus revenir. Riez tant que vous voudrez, si cela vous fait plaisir. Un fait est un fait.

Ce qui n'est pas moins exact, c'est que nous avons fait gaiement le tour de l'île de Beauté jusqu'au viaduc; nous sommes allés prendre une consommation sur la terrasse du restaurant Bonhôure, lequel nous a paru beaucoup plus convenable que Convert et Jullien. Moins de canotiers et plus de tenue.

Ma grande fille avait bien envie de me sauter au cou en revenant par la route de Joinville pendant que je lui faisais un beau bouquet de fleurs des champs; mais j'ai mieux aimé ne pas provoquer ses confidences faites de regrets et de repentir.

En arrivant à la maison, nous avons trouvé une famille amie, la famille Céalis (de Champigny), ou du moins le père et deux de ses fils, Edouard et Claudius.

Au cours de la conversation, ma grande

fille, qui est Saint Jean bouche d'or, répéta ce que je lui avais dit en route, savoir que, des petits événements de notre existence si simple, je pourrais très bien faire une relation intéressante pour tout le monde, et cela sans effort.

« — Mais nous n'en serons pas, nous autres, dit M. Céalis.

— Et pourquoi non?

— Nous n'appartenons à aucun titre à la publicité; nous sommes de simples commerçants.

— Vous êtes, au contraire des hommes dont il me faudra parler si je fais l'histoire de mon congé et de mes voyages dans la vallée de la Marne.

— Voyons, voyons, ne vous moquez pas de nous.

— Mais, mon cher ami, vous appartenez à l'histoire; vous, oui vous. N'avez-vous pas fait partie d'une corporation privilégiée? N'avez-vous pas été courtier de commerce?

— Parfaitement, mais quel rapport.....

— Le courtage obligatoire était une entrave

au commerce. Peut-être, avec les courtiers
assermentés, y avait-il plus de sécurité pour
les négociants ; peut-être les courtiers, discrets par état, rendaient-ils possibles des opérations en servant de trait d'union entre vendeurs et acheteurs ennemis ; mais ils grevaient
les transactions. Lorsque, en 1860, l'Empire
abolit le privilège, il rendit un réel service
au commerce général. C'est par les courtiers
de commerce que la suppression des charges
inutiles a commencé. Les agents de change,
les commissaires-priseurs, les avoués, etc.,
auront leur tour, mais ils se débattent énergiquement et ils ont la vie dure. Depuis la
suppression de votre charge, vous vous êtes
lancé dans les opérations de haut commerce ;
vous avez créé des comptoirs..... Ceci est
votre affaire et je n'ai rien à dire ; comme ancien privilégié vous m'appartenez. Quant à
Edouard...

— Oh ! moi ! Je n'ai aucun droit ni dans le
passé, ni dans le présent.

— Tu te trompes. Je puis et je dois te présenter comme un modèle de piété filiale. Tu es plutôt artiste et poète que commerçant. Tu as commencé à faire preuve de sérieux en conquérant l'épaulette. Tu as fait ton service comme soldat et tu t'es bravement conduit en Tunisie. Une brillante carrière militaire s'ouvrait devant toi. Sachant que ton père a besoin d'être secondé, tu n'as pas hésité à briser cette carrière et tu t'es mis ardemment à l'ouvrage; tu es allé inspecter vos comptoirs de province, de l'Algérie et de l'étranger.

— Je n'ai fait que mon devoir.

— Et tu trouves que ce n'est rien ?... Celui qui fait son devoir est un homme. Quant à toi, Claudius, tu as été un triomphateur; ton nom a été dans tous les journaux; tu as remporté le prix de la course à pied dans les bois de Ville-d'Avray entre élèves de l'école Monge et de l'école Alsacienne... Vous voyez bien, mes chers amis, que vous me donnerez un de mes meilleurs chapitres. Sans compter qu'il y a à Champigny des personnes qui... Mais ne parlons pas des absents. Vous venez nous inviter à déjeuner pour demain matin. Nous acceptons volontiers. Donc la suite des portraits au chapitre suivant.

SIXIÈME JOURNÉE

Rencontre de Grévin. — Champignolles et Champigny. — Déjeuner-dinatoire. — La sieste. — L'Ecu de France. — Mandar.

J'ai indiqué en quelques lignes quelle est la route de terre de Vincennes à Champigny; je n'y reviendrai pas, n'ayant pas à faire des tracés topographiques; à mesure que nous avançons, d'ailleurs, les incidents se multiplient et les descriptions seraient superflues.

Nous partons de bonne heure avec Henri et Madeleine; la journée menace d'être lourde et orageuse; la route serait trop longue pour ma femme; elle viendra nous rejoindre avec Jeanne par le chemin de fer à l'heure du déjeuner, chez M. Céalis.

Toutes les fois que nous devons partir pour une longue course et que je veux emmener Madeleine, il faut discuter et presque livrer bataille.

— Cette enfant n'a que six ans, elle ne pourra pas marcher.

— Je la porterai quand elle sera fatiguée.

— Elle abusera de ta complaisance.

— Mais non, mais non; elle est plus forte que son frère; elle court mieux et plus longtemps que lui.

La gamine entend ces discussions et son petit œil malin dit : « Je ne serai pas fatiguée et, si je le suis, je ne le dirai pas. » Je finis toujours par avoir gain de cause, promettant de prêter mon dos en cas de besoin; jamais je n'ai eu besoin de recourir à cette extrémité; l'enfant a toujours mis son amour-propre à marcher comme un petit homme.

Le voyage de Vincennes à Champigny n'aurait rien présenté de remarquable si, à la descente de Joinville, nous n'avions pas rencontré Grévin conduisant sa petite charrette anglaise.

Le célèbre caricaturiste est un bon bourgeois d'apparence paterne; il porte gaillardement ses soixante ans, mais sans cette pointe de gaillardise et de gouaillerie que font supposer ses dessins si fins, si curieux, si profondément malicieux et sceptiques, qui — personnages et légendes — se tiennent sur la corde raide de la fantaisie lubrique sans tomber dans l'obscénité.

— Que diable faites-vous ici? me dit Grévin.

— Je suis en vacances et je vais à Champigny.

— Il fallait me prévenir.

— Merci, mais je ne vais pas chez vous.

— J'en suis ravi pour aujourd'hui, parce que vous ne m'auriez pas trouvé, mais une autre fois... Irez-vous chez Macé?

— Je ne sais pas si j'aurai le temps; je

m'arrête à Champignolles, chez des amis, pour déjeuner.

Comme Grévin, M. Macé, l'ancien chef du service de la sûreté, habite Champigny et il occupe sa retraite anticipée à écrire des romans judiciaires et des études sur Paris. Il y a d'autres écrivains et nombre d'artistes peintres à Champigny; de même dans toute la vallée de la Marne. Je citerai encore M. Hector Malot, le romancier célèbre, qui s'est fait construire une belle maison dans le bois de Vincennes, sur le territoire de Fontenay-sous-Bois. J'ai eu le regret de ne les voir ni les uns, ni les autres; on n'a jamais le temps de faire ce que l'on voudrait.

J'ai parlé de Champignolles à M. Grévin; il habite, lui, de même que M. Macé, le vrai Champigny. Cette commune s'étage sur tout le versant de la montagne qui va de la Marne au sinistre plateau d'où les batteries prussiennes, pendant la guerre, bombardèrent Paris par delà le bois de Vincennes. C'est un poste merveilleux pour un tir plongeant, le plus terrible de tous. Paris apparaît à peu près tout entier; avec une bonne carte, les Prussiens pointaient sur les monuments publics et les quartiers riches. Les boulets et les obus tombaient sans qu'on pût rien prévoir, ni empêcher, sans qu'on pût riposter non plus. Tant et si bien que les Parisiens firent, le 30 novembre 1870, la sortie désespérée qui se termina par l'héroïque bataille du 2 décembre. Malgré dès élans superbes, malgré l'énergie indomptable du général en chef, l'armée de Ducrot fut anéantie. Dès lors Paris était perdu. L'histoire de France avait un combat sublime de plus à inscrire dans ses annales !...

Champigny est sur la rive gauche de la Marne; Champignolles, qui a la gare, forme sur la rive droite un hameau qui s'est groupé d'abord autour de la station du chemin de fer et qui bientôt sera devenu une ville; des chemins et des avenues sont tracés jusqu'à La Varenne-Saint-Hilaire. Comme sur toute l'étendue de la vallée de la Marne, les maisons se touchent presque toutes. Dans cet heureux pays, les centres habités s'improvisent et à chaque instant il faudrait créer de nouvelles communes, mais on en fait rien.

M. Céalis habite avec sa famille une grande maison près de la gare. De cette famille vous connaissez le père et deux fils; il y a encore un fils, Louis, au régiment, une fille mariée à Avignon, et deux sœurs. Je n'ai à parler que des résidents de Champigny.

Ne voulant pas m'exposer à des redites, je m'en tiens à ce que j'ai écrit hier au sujet du père et de deux des fils Céalis; je me bornerai à marquer d'un trait plus net la grande bonté et la franche cordialité qui sont le caractère principal de cette famille; les deux sœurs de M. Céalis y joignent un dévouement absolu. Habituées à soigner leur vieux père, elles se sont oubliées dans le célibat et maintenant elles mettent leur joie et leur bonheur à rendre la maison hospitalière et charmante.

Et que de gâteries pour les amis! On a conservé chez M. Céalis l'habitude méridionale de faire à midi un déjeuner-dinatoire très confortable; le soir on s'en tient à une simple collation.

La différence d'habitudes et de mœurs est très grande entre le Nord et le Midi. En Provence on se lève de grand matin; on travaille ferme jusqu'à midi; puis on se met à table et l'on y reste longtemps. Volontiers on fait la sieste et l'on tue le temps jusqu'au soir. On se couche de bonne heure.

Depuis que les chemins de fer ont facilité le perpétuel va-et-vient du Midi à Paris et réciproquement, ces habitudes ne sont plus universéllement répandues; cependant elles persistent et de longtemps elles n'auront pas disparu; j'aime à espérer, en effet, que de longtemps le soleil ne sera pas refroidi au point de supprimer les torrides journées d'été suivies de délicieuses soirées pendant lesquelles il est si agréable de se laisser vivre au souffle caressant de la brise qui murmure des cantilènes poétiques.

A Paris, si vous n'en avez pas l'habitude,

gardez-vous de la sieste; pour une heure de sommeil, vous auriez trois heures de lassitude et d'énervement. J'avais commis la faute de dormir pour échapper à la lourdeur de la température; peut-être aussi m'étais-je laissé séduire par le délicieux, mais pantagruélique déjeuner qui nous avait été servi; il m'a fallu toute mon énergie pour aller faire la partie de l'Ecu de France à La Varenne.

Le jeune Claudius Céalis était allé louer un canot à l'embarcadère de Champigny; les dames l'avaient suivi; Jeanne et Henri devaient faire leur apprentissage de canotiers, les rames à la main. M. Céalis et moi nous sommes allés à La Varenne en suivant le cours de la Marne; la course est très courte; à peine deux kilomètres.

Nous reviendrons à La Varenne dans quelques jours; pour aujourd'hui je n'ai vu que le coin de terre où est établi le café-restaurant-atelier de peinture dont l'enseigne est : *L'Écu de France*. C'est la grande réputation de la basse Marne.

Comme pour beaucoup d'autres choses restées à la mode plus ou moins longtemps, la banlieue a devancé Paris en matière de reconstitution plus ou moins exacte des « hostelleries » moyen âge et des cabarets directoire.

L'Écu de France a été créé par un peintre-photographe, M. Mandar, qui, ne pouvant pas vivre de ses tableaux et considérant la photographie comme un métier, a trouvé le moyen de se faire de bonnes rentes en donnant à manger aux peintres de la région et aux touristes qui visitent la vallée de la Marne.

Son établissement a, comme on dit aujourd'hui, un certain cachet moyenâgesque : porte basse avec poutrelles proéminentes, escalier en bois à l'extérieur, balcon en bois, fenêtres carrées avec rideaux à carreaux rouges et blancs ; toit de chaume ; le tout ombragé par d'énormes peupliers blancs qui élancent à des hauteurs vertigineuses leurs têtes feuillues.

A l'intérieur, des plafonds soutenus par d'énormes poutres ; les murs blanchis à la chaux avec de la vaisselle simili-ancienne.

L'Écu de France est bâti sur la rive gauche de la Marne au milieu d'un terrain d'une étendue assez restreinte, mais qui suffit largement aux besoins de la clientèle. Sur le devant, de nombreuses tables de cabaret, sous les arbres ; à droite, une cour où l'on peut jouer à tous les jeux avec des poules et des canards pour spectateurs et compagnons. C'est très amusant et très gai ; on se croirait à cent lieues de Paris. Les habitués de l'établissement, peintres, artistes, canotiers, hommes et femmes, n'engendrent pas la mélancolie ; quant au patron, c'est un type.

Accueillant, le sourire aux lèvres, bon enfant, familier, non obséquieux, plutôt maigre que gras, mais grand et robuste, fier de sa maison qui a une clientèle de tous les jours et non pas seulement le dimanche, de pair à compagnon avec ses clients, sans forcer à la consommation, ce que font trop souvent ses confrères de Paris.

Il est juste d'ajouter qu'à Paris la concurrence est terrible et que pour réussir il faut faire du bruit, encore du bruit, toujours du bruit, tel M. Salis au *Chat Noir*, avec ses chansons et ses comédies; tel M. Lisbonne, avec ses *Frites Révolutionnaires* et ses garçons en costumes d'il y a un siècle; demain il surgira autre chose plus extraordinaire; car à Paris la vogue des imitations moyen âge est déjà passée.

L'Écu de France a été un précurseur; M. Mandar en est très fier; il doit être bien plus fier encore aujourd'hui que les étudiants imitent sa coiffure. Oui Mandar, le Mandar de l'Écu de France, porte depuis longtemps le béret comme coiffure habituelle. Cela cadre avec son domaine. Voilà que les étudiants de toutes les Facultés de Paris ont adopté le béret, avec liseré distinctif pour chaque Faculté. Grand bien leur fasse! Je les avertis seulement qu'ils s'exposent à des déceptions. Au lieu d'attirer à eux les bons bourgeois, ils les mettront sur leurs gardes. Avec un chapeau

noir, l'étudiant est un jeune homme comme
un autre, plus ou moins gentil, bien élevé,
intelligent, spirituel; avec un béret, ce n'est
plus qu'un étudiant; médiocre recommanda-
tion. J'ai été étudiant à l'époque où il y avait
encore un quartier latin. Nous restions entre
nous et nous passions gaiement nos années
d'école et de Bullier. Quand nous traversions
les ponts, quand nous descendions dans
Paris, nous nous gardions bien de nous faire
connaître. Aujourd'hui, il y a une tendance
générale à reconstituer les confréries. Au
point de vue social, c'est un symptôme qui
mérite un examen très attentif. Au point de
vue des écoles, c'est une simple gaminerie
qui n'aura qu'un succès passager.

Quoi qu'il en soit, M. Mandar aura été dou-
blement à l'avant-garde de son époque; je
ne pouvais moins faire que de transmettre son
portrait aux âges futurs.

Pour aller de la rive de La Varenne à l'hos-
tellerie de l'Écu de France il y a un passeur,
toujours comme aux temps anciens et aussi

comme dans les campagnes lointaines, où les
bacs sont plus communs que les ponts, fussent-
ils à péage.

La partie de la Varénne est très intéressante, mais fatigante en proportion. Le canot
avait fait rage ; les enfants avaient pris une
bonne leçon de rames ; avec mon ami, nous
avions fait des tours et des détours sans nombre, causant, philosophant, nous rappelant le
passé, ce qui est un charme intellectuel, mais
suant, ce qui est du plus absolu matériel ; je
l'ai dit, la journée était très lourde.

Le rendez-vous général des canotiers et des
flâneurs était à l'Écu de France ; après nous
être rafraîchis et reposés, la nuit venant, nous
sommes rentrés, non sans peine, à Champigny, et le chemin de fer nous a ramenés,
trop lentement à notre avis, vers l'oreiller
réparateur.

SEPTIÈME JOURNÉE

Jeudi 9 août.

Les monuments de Champigny. — Le tramway nogentais. — Déjeuner chez Bonhoure. — Goujons et friture. — Le guitariste.

Au petit jour, je suis réveillé en sursaut. C'est mon fils qui me secoue. Après avoir joui de l'ahurissement d'un homme qui chasse le sommeil pour rentrer dans la vie, mon fils prend son sérieux, et :

— Papa, nous avons beaucoup parlé hier de Champigny, des batteries prussiennes plongeant sur Paris, de la terrible bataille du 2 décembre 1870; je voudrais bien aller me rendre compte de ces événements, sur les lieux.

— Tu veux retourner à Champigny, je n'y vois pas d'inconvénient ; mais ce matin nous devons aller, avec ta mère et tes sœurs, déjeuner près du viaduc, au restaurant Bonhoure.

— Précisément ; nous irons à Champigny par la montagne, depuis Bry-sur-Marne, et nous reviendrons par le chemin de fer.

— C'est une très longue course ; le temps est lourd et je crois que nous serions très fatigués. Souviens-toi de la journée d'hier.

— Madeleine dort, je ne la réveillerai pas ; nous irons tous les deux ; tu sais que je marche bien quand il le faut. Il n'est que sept heures.

— Habille-toi ; je me lève.

Les enfants sont en vacances pour s'amuser ; tant pis pour les parents s'ils sont fatigués... En un quart d'heure nous sommes prêts. La course que nous avions à fournir n'était pas sans quelque peu m'effrayer. Mon fils se fiait à la carte des environs de Paris ; vainement lui disais-je que les cartes ne don-nent pas les altitudes ; il s'obstinait dans son affirmation.

Par prudence, toutefois, nous prîmes le tramway nogentais, tramway à air comprimé, dont j'ai déjà dit un mot.

La création du tramway nogentais date d'une année à peine, et déjà toute la région de la Marne, non desservie par les chemins de fer, a repris un grand essor de vitalité ; elle a secoué la torpeur qui l'envahissait, par suite, de son délaissement.

Ce nouveau moyen de transport est dû, je l'ai déjà dit, à l'initiative de M. le docteur Delthil, médecin à Nogent, et maire de cette ville. Le docteur Delthil a une clien-tèle très étendue ; il parcourt toute la vallée de la Marne. Dans ses courses de tous les jours il avait eu l'occasion de constater la progression constante et non interrompue de Nogent, de Joinville, des localités desservies par le chemin de fer, tandis que Bry, Neuilly,

et tant d'autres, malgré tous leurs efforts restaient stationnaires ou ne parvenaient pas à
devenir des sites bourgeois.

Convaincu de la vérité de l'axiome économique d'après lequel *toute route nouvelle,
fût-elle ouverte au milieu du désert, favorise
les voyages, suscite les voyageurs et crée les
centres d'habitation*, M. Delthil a fondé la
Société des tramways nogentais pour desservir la partie de la vallée de la Marne, comprise entre le haut Nogent et Ville-Évrard, se
réservant d'établir d'autres lignes si le succès
répondait à ses prévisions. Le succès a été
complet et l'affaire est, m'assure-t-on, excellente à tous les points de vue.

La tête de ligne est Vincennes, la grande
ville de la région, centre autour duquel la
gravitation est très étendue et qui jouit de tous
les moyens de locomotion.

La traction par chevaux était à peu près
impossible pour le service des voyageurs de
la vallée de la Marne à Vincennes et cela à
cause de la montée très raide qui va du viaduc

à la place de la nouvelle mairie de Nogent.
M. Delthil a adopté le système de l'air comprimé qui avait déjà été expérimenté à Nantes
avec plein succès.

Très intéressant ce système. Point de feu
ni de fumée; point de bruit de machines; à
peine le frottement des roues sur les rails.
Dans le bois, sur la contre-voie de la route
nationale, sous les voûtes ombreuses des
arbres, la voiture, ayant à l'avant-train un
gonflement mystérieux, approche silencieuse,
semblable à un sphinx diabolique. Toutes les
fois que je la vois venir, j'éprouve un sentiment, non d'effroi mais de saisissement; il
me semble que je fais un rêve ou plutôt que
j'ai un cauchemar.

Le réveil se produit vite; le conducteur ne
reste jamais trois minutes sans faire entendre
son signal d'appel et d'avertissement, pour
faire garer une voiture de maraîcher, pour
éloigner une bande joyeuse prête à s'engager
sur la voie, ou même tout simplement pour
faire une niche à des amoureux qui se pro-

mènent dans les contre-allées du bois. Pour
être conducteur de tramway à air comprimé,
on n'en est pas moins homme et farceur ou
taquin.

Oh! ce cri! Quelque chose comme le son
d'un cornet à bouquin, du glapissement d'un
canard effrayé, du couac d'un trombone de
foire! Par pitié, M⋅ Delthil, modifiez votre
signal d'alarme!

Donc, avec Henri, nous avons pris le
tramway nogentais jusqu'à la station du
chemin de fer de Nogent, ligne de Mulhouse, ou pour mieux dire du viaduc. Seulement avant d'y arriver à ce viaduc, il
faut passer sous un pont qui soutient une
ligne de raccord. Le contrôleur avertit toujours les voyageurs de l'impériale; gardez-
vous de ne pas prendre au sérieux ses sages
avis; ne bougez pas de votre siège, ne vous
laissez pas tenter par la curiosité. C'est une
question de vie ou de mort...

Le tramway oblique à droite après avoir
traversé Le Perreux, commune de création

récente, détachée de Nogent, localité agricole et maraîchère, qui s'est développée d'une manière extraordinairement rapide ; le tramway en fera certainement, avant qu'il soit longtemps, une station mi-partie bourgeoise.

Après être allés commander chez Bonhoure le déjeuner pour onze heures, nous avons suivi la Marne jusqu'à Bry, et comme toujours, nous avons perdu un peu de temps à regarder les pêcheurs à la ligne faire avec une patience héroïque leur éternel exercice qui consiste à suivre le bouchon de flottaison jusqu'à son extrême limite à la descente de l'eau et à rejeter le fil en amont d'un geste vigoureux qui, parfois ne manque pas d'élégance.

Je n'ai pas eu encore la chance de voir prendre une ablette. Tout est possible ; rien n'est impossible ; ne désespérons pas. D'ailleurs, il faut se hâter ; comme je l'ai dit, la route est longue par la montagne jusqu'à Champigny.

Nous traversons la Marne sur le pont de

Bry, et nous commençons notre ascension ; la route est belle et de création récente. Arrivés au haut de la colline, Paris nous apparaît, mais ce n'est d'abord que le Paris de la rive gauche, le Paris des usines et des fabriques ; nous avançons et le panorama du boulevard Saint-Germain se développe ; nous marchons encore et nous arrivons au centre du plateau ; nous avons devant nous la grande traversée de Paris, de la place de la Nation à l'arc de triomphe de l'Étoile, par le boulevard Voltaire, la rue de Rivoli, la place de la Concorde, les Champs-Élysées, avec les Halles, le Palais-Royal, la Bourse ; à droite et à gauche, le Paris du travail, des affaires, des monuments, des plaisirs.

C'est de ce plateau que les Prussiens ont lancé avec leur férocité haineuse des milliers de boulets de canon et d'obus. Spectacle merveilleux, souvenirs affligeants ! Henri regardait ému, frissonnant ; de grosses larmes obscurcissaient ses yeux ; les poings serrés, il s'est écrié :

— Les misérables! Bombarder Paris! Détruire la grande ville! Ce sont des jaloux et des lâches.

J'ai embrassé le brave enfant et nous sommes allés nous agenouiller devant le monument élevé à la mémoire des héros de la bataille du 2 décembre.

Nous avons eu encore le temps d'aller voir le monument plus modeste dédié aux mobiles de la Côte-d'Or, puis nous sommes descendus en courant jusqu'à la gare de Champigny; nous avons pris le chemin de fer jusqu'à Nogent; le tramway venait de passer, force nous a été d'aller à pied jusqu'au viaduc; nous étions littéralement éreintés en arrivant au restaurant Bonhoure où nous attendaient ma femme, Jeanne et Madeleine.

Malgré tout, nous n'étions pas en retard. Je n'aime pas attendre, mais aussi j'arrive toujours à l'heure. Seulement j'ai demandé un quart d'heure de repos avant de me mettre à table.

Du déjeuner, rien à dire. Nous étions seuls

sur une grande terrasse couverte donnant d'un côté sur un jardin de restaurant avec kiosques et bosquets, de l'autre sur la route et la Marne. Les jours de semaine il n'y a personne à déjeuner; le matin j'avais commandé une friture de goujons; la maîtresse d'hôtel ne me l'avait pas promise; les goujons, il faut les commander d'avance et sans doute on va les chercher à Paris, aux halles. On nous a donné une friture ordinaire; elle n'était pas absolument mauvaise, mais elle n'avait pas le goût franc du poisson d'eau courante et pure.

— Que voulez-vous, me dit le patron du restaurant, nous avons beau les faire dégorger, ils sentent toujours un peu la vase.

— Les achetez-vous aux pêcheurs à la ligne?

— Oh! non. Ceux qui ont la chance d'en prendre quelques-uns sont trop heureux de les faire voir.... D'ailleurs tous les « lignards » de la Marne réunis ne fourniraient pas une friture. Les pêcheurs de profession, ceux qui manient l'épervier, qui savent placer des nasses nous approvisionnent.

— C'est égal, la Marne doit avoir une eau bien troublée.

— Ce n'est rien ou presque rien ici. Plus bas, à Nogent et à Joinville, dans la vraie région des canotiers, le poisson est immangeable.

La fin de notre déjeuner a été égayée par un incident amusant.

Un musicien ambulant s'est présenté portant avec désinvolture une guitare, instrument qui fit fureur, il y a soixante-quinze ans et qui est aujourd'hui complètement démodé. — Ce n'était pas un mendiant; il avait même bonne tournure; ses vêtements étaient vieux et râpés mais propres; physionomie de décavé qui se résigne.

D'un geste qui pouvait être pris pour un salut, une offre ou une invitation, il nous conviait à un concert; le guitariste mimait une affirmation musicale.

Ma fille lui dit :

— Connaissez-vous la *Mandolinata?*

L'artiste ne releva pas cette quasi offense

— un guitariste ne pas connaître la *Mandolinata*, romance ou invocation d'amour écrite
pour lui ! — et il se mit à gratter son instrument, très agréablement, je vous assure, mais
sans chanter. Quand il eut fini, il se mit à notre
service pour autre chose.

Croyant l'embarrasser, je lui demandai le
Carnaval de Venise, cette étonnante fantaisie
que Sivori semble avoir accaparée avec son
violon. Le guitariste joua le thème et deux ou
trois variations.

Pauvre vieux bonhomme !.. Il y a quelque
drame sombre ou quelque bouffonnerie carna-
valesque dans son existence. Si j'avais été
seul, je l'aurais probablement invité à déjeuner et j'aurais sollicité ses confidences, malgré
les déceptions qui attendent presque toujours
les curieux qui agissent ainsi ; il nous avait
amusés. Je dus me contenter de lui donner
une pièce blanche qu'il empocha en souriant ;
il salua sans obséquiosité ni forfanterie. Nous
étions quittes.

Que pouvait bien venir faire sur les bords

de la Marne ùn guitariste — un vrai guitariste pinçant la corde — le jeudi 9 août 1888?... C'est un mystère que je n'ai pas l'espoir de jamais éclaircir. Il est állé de son côté; après un déjeuner qui s'est prolongé fort tard, j'ai loué un bateau pour faire ramer les enfants qui prennent de plus en plus à cet exercice un grand plaisir. Tout mon monde est monté en bateau, a descendu la Marne jusqu'à Joinville où je suis arrivé un peu plus tard traînant la patte et où nous avons pris le train de Vincennes.

J'avais vraiment assez fait d'exercice. Commodément assis, j'ai suivi la partie de croquet que les enfants — cet âge est sans fatigue! — ont immédiatement organisée avec leur mère pour finir la journée.

HUITIÈME JOURNÉE

Vendredi 10 août.

Canotage des enfants. — Fauchard et la Mouette. — Franc-maçonnerie parisienne. — Mon « ami » Perrillon. — La pêche à la ligne.

Nous entrons dans la période du canotage. Après s'être exercés à ramer la veille et l'avant-veille à Joinville et à La Varenne, les enfants ont pris un tel goût à canoter que tous les moments perdus il a fallu désormais les employer à des courses en bateau sur le lac des Mini-mes. Le batelier, je l'ai dit, est un homme sûr investi de la confiance de la Ville; je ne devais donc avoir aucune crainte; mes gamins pourraient s'amuser à ramer sous l'œil vigilant du bon gros Fauchard, dans son bateau *La Mouette*.

Henri et Madeleine s'en donnent à cœur joie, pendant que, assis à une table du café en plein vent de la Porte-Jaune, je fais des études sur l'importance relative que donnent à un homme vêtu à la diable de bons pourboires. Il n'est pas de prévenances ni de confidences que je n'ai reçu.

Aujourd'hui cependant j'ai été distrait par un incident qui m'a permis de rectifier certaines idées préconçues au sujet de la pêche à la ligne et de faire de curieuses observations de caractère ou plutôt sur les déviations du caractère.

L'avant-veille, pendant que nous étions à l'Écu de France à La Varenne, j'avais vu passer une bande de promeneurs paisibles, ce qui est rare dans ces parages. Parmi eux un homme encore dans la force de l'âge et dont la figure ne m'était pas inconnue; il me regarda avec un sourire d'intelligence; nous nous adressâmes

du coin de l'œil le salut de la franc-maçonnerie parisienne qui se fait comprendre sans jamais compromettre rien ni personne.

Qui était-ce? J'étais incapable d'appliquer un
nom à son visage. Où et comment l'avais-je
connu? Je l'ignorais. Certainement nous avions
eu des relations réciproquement sympathiques.
Cette rencontre m'avait assez vivement impres-
sionné, mais déjà je commençais à n'y plus
penser, lorsque de l'autre côté du bras du lac
j'aperçois le même individu, assis sur un pliant,
un album à la main, prenant des croquis tout
en surveillant une ligne.

— J'y suis, murmurai-je, c'est Perrillon, je
le reconnais très bien maintenant; mais je ne
comprends toujours rien à cette transformation.

Perrillon avait été un de mes jeunes camarades de l'École de droit; c'était notre boute-
en-train. Spirituel, jovial, bon garçon dans
toute l'acception du mot, ce qui ne l'empêchait
pas de travailler sérieusement, car il voulait
faire son chemin dans le barreau. Perrillon eut

des débuts très brillants devant la cour d'assises de la Seine, puis il se maria et rompit brusquement avec ses camarades, ceux de l'école, de même que ceux du quartier Latin.

Nous n'entendîmes plus parler de lui. Sa retraite était voulue, car nous n'avions pas été avertis officiellement de son mariage. Il avait épousé la fille d'un avocat d'affaires, directeur d'un cabinet très bien achalandé. Renonçant aux plaidoiries retentissantes, il s'était consacré aux procès ennuyeux mais qui rapportent beaucoup d'argent.

Le bruit courut que sa femme l'avait accaparé tout entier.

D'après une autre version, se pliant aux préventions de sa nouvelle famille, Perrillon, en entrant dans le monde, avait renié ses camarades et même ses amis. Pour beaucoup de bons bourgeois, en effet, la répulsion contre tout ce qui touche à la littérature et à l'art existe toujours. Je trouve superflu de récriminer et de me plaindre; il faut bien qu'il y ait une compensation, sans quoi le système d'Azaïs serait faux, tant de gens se laissent exploiter et gruger par un tas de faiseurs, ainsi nommés parce qu'ils font des dupes au lieu de tableaux et des filouteries au lieu de pièces de théâtre!

Je n'avais pas approfondi le cas de Perrillon; il s'était retiré sous sa tente : bon voyage et bon sommeil!

Ce rapide aperçu biographique avait surgi du fond de ma mémoire et j'hésitais encore sur le parti que je devais prendre, lorsque Perrillon, riant comme autrefois de son gros rire rabelaisien, me cria :

— Eh! oui, c'est moi. Tu peux venir, je suis seul.

Je ne jurerais pas que nous nous soyons tutoyés autrefois; bah! à la campagne! Je ne remarquai pas sur le moment l'incorrection et la quasi impolitesse de l'appel... « Tu peux venir, je suis seul »; je quittai tout pour aller rejoindre mon « ami » Perrillon. Je flairais quelques curieuses révélations et je ne me trompais pas.

Après les serrements de mains préliminaires :

— Je t'ai parfaitement reconnu avant-hier à La Varenne, me dit-il; seulement tu étais avec des dames et je suis obligé à une prudence, à une réserve, à une sauvagerie extrêmes.

— Pourquoi donc!... Nous ne sommes plus à un âge où l'on peut inspirer des méfiances et des craintes.

— Toi, c'est possible; moi pas. J'ai eu le malheur au commencement de mon mariage de me laisser « mettre le grappin dessus » comme on dit dans le monde, le grand ou le petit. Plus de gamineries, plus de farces, plus de rires... Les camarades et les amis, à la porte. Je crus que j'étais le plus heureux des hommes, étant le mari d'une « demoiselle », moi fils de fermier enrichi. Je me livrais passionnément à l'étude des dossiers ennuyeux, avec l'espoir de retrouver le soir ma chère petite femme..... Lorsque je m'aperçus qu'elle était purement et simplement égoïste, jalouse et têtue, il était trop tard; le pli était pris. Je me suis résigné à faire fortune obscurément en plaidant de ces procès dont personne ne parle. — Depuis deux ans j'ai cédé mon étude... Les femmes-crampons devraient au moins donner des enfants. Non, pas même cela.

— Du calme ; chacun a ses petites misères.

— Fort heureusement je me suis adonné à la pêche à la ligne, plaisir de solitaire que ma femme veut bien autoriser, à moins qu'elle ne me l'impose ; je crois, en effet, que je lui pesais lourdement sur les épaules depuis que, n'ayant plus rien à faire, je passais ma vie à la maison. La journée est longue et je n'ai plus le goût des travaux intelligents. A plaider les murs mitoyens et les partages, j'ai perdu l'habitude de tourner un sonnet et de faire une chansonnette. Les travaux des autres m'ennuient. La pêche à la ligne a l'avantage de me permettre des promenades à l'aventure et des tentatives de croquis de paysages, à la condition, cela va de soi, de rentrer exactement aux heures des repas et de rendre compte de mes courses.

J'étais abasourdi d'entendre ainsi parler un homme que j'avais connu pétillant d'esprit et de verve, indépendant, gouailleur, toujours prêt à faire quelque farce au bourgeois bourgeoisant.

Je le regardais bouche béante, indécis sur la question de savoir s'il parlait sérieusement ou s'il se moquait de moi. Cependant il ne perdait pas un coup de crayon et surveillait attentivement sa ligne. Il continuait avec le monotone ronron d'une leçon qu'on récite :

— Maintenant je suis fait à cette vie. Je n'ai plus besoin de rien. Je ne fume plus, je ne vais pas au café, je ne reçois personne et ne vais nulle part. Une vie calme et sans incident. Les huîtres doivent vivre ainsi, jusqu'au jour où on les croque.

La voix qui avait eu un éclat jovial au moment de l'appel, était devenue peu à peu indifférente et froide. Consciemment ou non, Perrillon rentrait dans sa coquille et s'efforçait de me faire bien comprendre que cette rencontre devait être oubliée ; il se reprochait l'éclair de joie et de souvenir de tout à l'heure et faisait pénitence.

Dans ces cas-là j'ai pour principe de nettement établir les situations réciproques.

— Ah ! très bien, dis-je, tu vis seul et tu ne veux pas voisiner, en admettant que tu habites le bois de Vincennes, ce que je ne te demande pas.

J'avais touché juste. Perrillon rougit légère- et se pencha vers sa ligne :

— Chut, dit-il, ça mord.

J'étais fixé. Je profitai de la diversion pour prendre une leçon de pêche. Mon « ami » me donna des renseignements très précis sur les fils et les bâtons des lignes, les hameçons et les amorces, les vers et les asticots, etc., etc.

— Mais tu me récites *Le Monde des Pêcheurs* de mon collaborateur au *Petit Journal*, M. Laffon.

— C'est le guide que j'ai suivi. Excellent manuel.

— En attendant, tu fais comme les autres, tu ne prends rien.

— Le poisson n'aime pas les incrédules.

Ce fut le dernier mot de notre conversation. Les enfants rentraient de leur promenade.

— Si tu viens quelquefois au lac, dis-je, nous pourrons nous y rencontrer ; les enfants adorent la promenade en bateau.

Comme j'en étais convaincu, je n'ai plus revu mon « ami » Perrillon ; il avait secoué pendant une minute le manteau de plomb qu'il s'était laissé mettre sur le caractère et sur l'esprit. La soumission était devenue pour lui une seconde nature. J'appris le lendemain qu'il avait retiré de la Porte-Jaune ses ustensiles de pêche et renoncé à son abonnement.

Je regrette de n'avoir pas eu le temps de demander à Perrillon quelle somme sa femme lui alloue par semaine pour ses menus plaisirs y compris la pêche ; on en arrive là quand on se laisse « mettre le grappin dessus ».

Une lisière en fil de laine vaut mieux ; il est vrai qu'avec les femmes du caractère de Mme Perrillon, le fil de laine casse trop facilement et trop vite ; elles préfèrent la chaîne de fer et le carcan.

Je connais cependant des femmes qui savent diriger le fil de laine d'une main légère et dont l'autorité est d'autant plus respectée qu'elle est moins apparente. Question de tact et d'intelligence.

NEUVIÈME JOURNÉE

Samedi 11 août.

Mon voisin de droite, on se le rappelle peut-être par le récit que j'ai fait de la remise du drapeau, est le colonel du 12ᵉ d'artillerie ; nous n'avons pas de rapports de voisinage ; par contre nous sommes en excellents termes avec nos voisins de gauche, la famille Colet : le père, la mère et un garçon de seize ans qui a des dispositions comiques extraordinaires. Léon Colet connaît tout le répertoire des comiques de théâtre et de café-concert ; il récite des monologues et grimace des types avec un entrain désopilant ; ses traits sont d'une extrême mobilité ; je n'ai jamais vu reproduire comme par lui la physionomie de Henri IV.

Je ne pourrai malheureusement pas le mettre en scène, car il est au fond du département du Gers, chez mon ancien propriétaire, M. Crussol, qui a quitté Paris pour aller diriger sur les lieux une fabrique de chapeaux.

Ancien boucher, M. Colet occupe sa retraite, après fortune faite, dans le commerce de la viande de boucherie ; comme homme, c'est un réjoui qui ne redoute pas la plaisanterie ni même la farce.

— Voulez-vous une nouvelle pour le journal ? m'a-t-il dit ce matin.

— A moins qu'il ne s'agisse d'un gros événement, je suis en congé.

— L'événement n'est pas énorme, mais il doit cacher un mystère. On vient de commencer la démolition d'un hôtel neuf bâti près de la gare de Saint-Mandé, dans la la Grande rue, vis-à-vis du couvent de la Sainte-Famille.

— Je n'ai pas grand'chose à faire ce matin. J'y vais.

Je partis à l'aventure, laissant Henri à ses devoirs de vacances et mes filles à leur croquet. Jeanne paraissait même disposée à aider sa mère dans ses travaux de ménage. Il ne me déplaisait pas d'aller revoir les murs du couvent de la Sainte-Famille, grande institution religieuse où Jeanne a fait son éducation.

Depuis l'époque assez récente où j'allais voir ma fille, de grands travaux ont été entrepris ; un nouveau corps de bâtisse a été élevé ; les grands murs de clôture ont acquis la hauteur des remparts des anciennes citadelles, impénétrables et imprenables. Malgré tout, cependant, les immenses marronniers qui rendent le parc des récréations si agréable pendant l'été dépassent murs et maisons.

N'ayant ni motif ni prétexte pour pénétrer dans le pensionnat-couvent, je me suis con-

tenté d'une promenade extérieure ; par contre
j'ai pu entrer dans la cour de l'hôtel en démolition.

M. Colet n'avait nullement exagéré. Un bel
hôtel tout neuf, au fond d'une grande cour
d'honneur dans laquelle on pénètre par une
porte grillée d'un travail artistique ; à droite
et à gauche les communs : loge du concierge-
gardien, écuries, remises ; une large vérandah
au-dessus de la porte d'honneur de l'hôtel.
Le tout a grand air. Ce qui le dépare, c'est
qu'un immense écriteau s'élève au-dessus de
la grille, un écriteau avec cette inscription.

A VENDRE

MATÉRIAUX TOUT NEUFS

D'UNE MAISON

AYANT COUTÉ 600.000 FRANCS A BATIR

Étant donné la configuration des lieux, il
était évident que c'était une simple affaire de
spéculation. La Grande rue de Saint-Mandé
est séparée de l'avenue de l'Étang par le vaste

terrain sur lequel cet hôtel est construit et le jardin qui en dépend. Le propriétaire est mort. Les héritiers ont trouvé plus pratique de démolir l'hôtel, de percer une rue et de bâtir des maisons destinées à la location.

Voilà, en effet, à quoi se réduit le mystère de la Grande rue de Saint-Mandé. Fort heureusement pour le chroniqueur et les curieux, les détails donnent lieu à quelques observations intéressantes.

Le créateur de cette magnifique propriété, laquelle sans avoir été habitée allait tomber sous la pioche du démolisseur, était un M. Paintendre, entrepreneur de démolition. Excellent métier. J'ai été en relation, dans le temps, avec M. Picart, à l'époque où il avait l'entreprise des démolitions et du déblayage des ruines des Tuileries. M. Picart était — il doit être certainement encore, car il a eu le bon esprit de continuer son commerce — M. Picart était un charmant homme et qui gagnait beaucoup d'argent ; il n'a pas, que je sache, cherché à éblouir le monde. M. Paintendre avait probablement des goûts de parvenu ; il s'était élevé à lui-même un magnifique hôtel.

Vanité des vanités ! En 1886 M. Paintendre mourait ; six mois plus tard sa veuve le suivait dans la tombe et toute cette fortune péniblement acquise tombait entre les mains de nombreux collatéraux ; aucun d'eux ne pouvait se charger d'un grand hôtel qui exige de fortes rentes pour tenir le train de maison qu'il nécessite. Une vente judiciaire fut reconnue nécessaire.

Mme Renaud s'est rendue adjudicataire et elle a entrepris la transformation dont j'ai parlé. Ce qu'il y a de plus intéressant, c'est que Mme Renaud est une femme de soixante-dix ans qui semble ne pas connaître le conseil du prudent La Fontaine :

Passe encore de bâtir, mais planter à cet âge !

Elle va faire, en effet, pour agrémenter et égayer sa villa une double allée d'arbres et créer pour chaque maison un jardin avec massifs de verdure.

C'est de l'ombre, de la campagne, de la nature à dose infinitésimale ; ces sortes de spéculations réussissent toujours ; je ne vois pas pourquoi celle de Mme Renaud échouerait dans un temps plus ou moins lointain.

Je n'ai pas besoin de dire que quant à moi je préfère les grands bois ; aussi, après avoir fait ma petite enquête, ai-je suivi la Grande rue de Saint-Mandé jusqu'à son extrémité où se trouve un restaurant, en renom dans le quartier, dit de la Demi-Lune.

Pour rentrer à Vincennes, le promeneur jouit d'une très belle allée de grands ormeaux. Je vous laisse à penser si j'en ai profité !...

J'en profitai si bien que je faillis dépasser l'heure du déjeuner ; or, je tiens essentiellement à ne pas laisser perdre, même pendant les vacances, l'habitude de l'exactitude ; c'est une qualité que les femmes ont trop de propension à oublier.

Nous passons, n'est-ce pas, sur les faits ordinaires déjà indiqués : croquet, tir, partie de canot à laquelle ont pris part aujourd'hui les trois enfants, Jeanne commandant et dirigeant l'équipe avec une réelle maestria.

De retour à la maison, je me proposais de ne pas m'attarder après dîner et d'aller au lit de bonne heure ; la vie des champs ne laisse pas que d'être parfois très fatigante. Mais j'avais compté sans le docteur et Mme Fèvre qui avaient dîné avec nous la veille et qui revenaient goûter à un plat de ma façon ; puisque l'occasion se présente faisons un peu de cuisine.

Vous connaissez tous l'omelette aux rognons, mais probablement vous ignorez comment il faut la faire pour qu'elle soit excellente, je veux parler de l'omelette au rognon de veau.

Il faut mettre à la broche la côte de veau à laquelle est attaché le rognon ; choisissez un veau bien gras dont le rognon soit très entouré de toilette. Faites bien rôtir et même légèrement griller. Lorsqu'on apporte le rôti sur la table, enlevez le rognon avec toute sa toilette et pendant que l'on découpe, procédez à la préparation du rognon. Il faut le diviser en petites lamelles que l'on coupe ensuite en plusieurs morceaux. Faites également de petits morceaux de la toilette. Salez et poivrez fortement. Mélangez avec beaucoup de soin et de patience, de manière à ce que les morceaux forment des échanges de sucs et de condiments. Faites couvrir avec une assiette, de manière à ce que rien ne se perde et laissez reposer, soit douze heures, soit vingt-quatre heures.

Voilà pour les préparatifs. L'omelette aux rognons, sans être très difficile à réussir demande une certaine habileté. Vous mettez les rognons dans la poêle sans beurre, ni graisse, et la poêle sur le feu ; le gras de la toilette suffit. Pendant que la graisse fond et que les morceaux de rognon chauffent, vous battez bien vos œufs ; pour un beau rognon il faut douze œufs. Lorsque les morceaux de rognon sont chauds, vous les versez dans vos œufs battus, puis vous oignez votre poêle avec un peu d'huile, de bonne huile grasse, bien entendu, à grand goût de fruit ; vous laissez prendre vos œufs ; vous pliez le tout en deux ; quand les œufs ont perdu leur glaire, sans être devenus compacts, l'omelette est cuite. Faites servir chaud et mangez de même : c'est exquis.

Le docteur Fèvre, qui, en sa qualité de bourguignon, est très gourmand, s'en est léché les doigts ; son incrédulité de la veille avait complètement disparu.

— Si j'avais su, s'est-il écrié, j'aurais apporté une bouteille de mon grand Chambertin.

Avez-vous remarqué que le meilleur moyen d'arriver sans lassitude à l'heure habituelle du sommeil, quand on est fatigué de corps, c'est de faire une partie de cartes? Le jeu est le plus aimable des passe-temps. Je parle des jeux qui n'exposent pas à de fortes pertes et auxquels on peut s'abandonner gaiement. Tel est le cas de la petite banque, jeu d'une simplicité enfantine, mais qui permet à sept ou

huit personnes de s'amuser pendant plusieurs
heures, au besoin, avec des enjeux modérés,
bien que l'on soit intéressé par les caprices
de la chance.

A neuf heures et demie la voiture du docteur vint le chercher; à dix heures nous
étions tous couchés et pour ma part je dor-
mais avec béatitude.

DIXIÈME JOURNÉE

Dimanche 12 août.

L'accident du chemin de fer. — Sous le tunnel. — Silhouette du Parisien. — A Champigny. — M. Filliol. — Question de l'enseignement. — Une dépêche.

Un accident !... Cela manquait à mon journal qui menaçait de tourner à la monotonie. Oui, un accident de chemin de fer sur cette ligne de Vincennes qui n'a qu'un aller et retour. Des trains nombreux, cela est vrai, mais qui se suivent de quart d'heure en quart d'heure, de Paris à Vincennes et retour seulement.

Avant de raconter ce petit incident — car

ce n'est pas un accident au sens exact du mot, il n'y a eu ni mort ni blessé — je note une visite, faite le matin, chez M. Ernest Flammarion, l'un des chefs de la Maison Marpon et Flammarion; je voulais prendre rendez-vous avec lui pour dîner en famille.

M. Flammarion est propriétaire d'une très jolie villa, avenue Daumesnil; nous convenons de dîner à la maison le 17.

Cette visite faite; je suis revenu à Saint-Mandé avec l'intention de prendre le train pour Champigny; je devais retrouver ma femme et mes enfants sur le quai et les appeler; eux-mêmes m'auraient cherché et malgré le dimanche nous nous serions rejoints. Si par extraordinaire le train était bondé de voyageurs, nous nous serions retrouvés à Champigny. L'essentiel était de prendre le train partant de Paris à 9 h. 5, et passant à Vincennes à 9 h. 20.

J'ai déjà eu l'occasion de constater que les Parisiens ne partent en bande qu'après déjeuner. Ceux qui prennent le train le matin vont presque tous chez des amis. Il y a beaucoup de monde le matin dans tous les trains de banlieue, mais ce n'est pas la foule de l'après-midi.

A ma grande surprise, en arrivant sur la place de la gare de Saint-Mandé, je vois une affluence énorme, des groupes discutant, des allées et venues de l'intérieur de la gare à la place publique. Je m'informe, j'apprends que tous les trains sont arrêtés depuis plus d'une heure et qu'il y a eu un accident — très grave, affirment quelques personnes.

Comme il est difficile d'écrire l'histoire !...

J'attends le tramway; une place était libre à l'impériale ; j'y monte, certain de voir de là-haut ce qui se passe dans la tranchée du chemin de fer.

Les deux voies étaient occupées par des trains se suivant et pleins de voyageurs. A ma grande joie, les voyageurs, dans les wagons et sur les impériales riaient, chantaient, s'interpellaient, pour tout dire en un mot, parisiennaient.

Abonné à l'année pendant longtemps au chemin de fer, j'étais connu par tout le personnel ; je n'ai donc pas eu de peine à descendre sur le trottoir de la voie. Je trouve le chef de gare, M. Boulanger, la bienveillance même. M. Boulanger m'explique qu'il y a eu un simple accident matériel, vers huit heures pendant la manœuvre de retour d'un train s'arrêtant à Vincennes ; la locomotive a déraillé sous la voûte du tunnel. Le déraillement a été produit par la rupture d'un écrou, mais il n'a aucune espèce d'importance ; seulement il a fallu déblayer la voie, ce qui va être terminé au premier moment.

Complètement rassuré désormais, je n'avais plus qu'à me mettre à la recherche de ma famille. Je la trouvai dans un wagon du premier train en partance pour Champigny. Les enfants s'amusaient beaucoup de tout le bruit qu'ils entendaient et auquel ils participaient.

Bientôt le signal du départ est donné et le train au grand complet entre dans le tunnel. Pendant toute la traversée sous terre, en pleines ténèbres, retentissent les cris et les chants les plus extravagants des voyageurs qui célèbrent leur délivrance.

Les Parisiens forment la réunion d'êtres humains la plus facile à vivre qu'il y ait au monde. Il faut qu'ils fassent de l'opposition et du tapage, mais ils sont laborieux, économes, ingénieux à tourner les difficultés de l'existence. Laissez-les crier, chanter, se moquer, faire des charges et des caricatures. « Ils chantent, ils paieront » disait Mazarin qui était un homme d'état d'un scepticisme intelligent. Les Parisiens sont de grands enfants très faciles à mener; seulement il faut qu'ils puissent croire qu'ils font ce qu'ils veulent.

Pendant deux minutes, dans le tunnel creusé sous la ville de Vincennes, nous avons été assourdis par le plus effroyable charivari que j'aie jamais entendu. A quoi m'eût servi de protester? On aurait crié de plus belle après le tunnel, tandis que peu à peu le bruit a cessé et le train a repris son allure habituelle.

A la gare de Champigny nous avons trouvé toute la famille Céalis qui n'était pas sans inquiétude, malgré les avis réitérés transmis par le télégraphe.

Le déjeuner-dînatoire d'aujourd'hui, est un repas prié. Nos amis avaient invité M. et Mᵐᵉ Filliol, jeune ménage très intéressant. Le mari fera très certainement sa trouée dans le monde par le théâtre, retenez son nom et apprenez le pseudonyme qu'il a adopté : Henri Duchez ; il y a là un dramaturge.

Quant à présent M. Filliol professe l'histoire à l'école Monge et il a une grande affection pour le jeune Claudius Céalis, le triomphateur de la course à pied. Le professorat est une situation ; l'art dramatique est un but et aussi une passion. M. Filliol travaille avec acharnement ; malgré l'indolence, les hésitations, la mauvaise volonté des directeurs de théâtres, il finira par s'imposer ; c'est le passionné persévérant, blond et tenace ; nous, les méridionaux, nous jetons feu et flammes, mais au moindre obstacle, nous nous arrêtons, à la moindre résistance nous nous laissons abattre ; voilà pourquoi tant de méridionaux restent en route ; ceux qui réussissent sont des favorisés de la fortune.

Pendant les vacances M. Filliol habite La Varenne. Le voisinage a rapproché le maître et l'élève, ainsi que les deux familles.

M. Céalis sait que la question de l'enseignement et de l'éducation me préoccupe ; il m'avait ménagé cette entrevue avec un professeur de l'École Monge tout à fait dans le mouvement et qui fait acte d'éducateur avec une réelle passion.

Après déjeuner les enfants et les jeunes gens se sont mis à jouer dans la grande et belle allée du jardin, et nous avons longuement discuté assis à l'ombre de la maison.

J'ai si souvent exposé mon système dans le *Petit Journal* que je crois inutile de le développer en entier, ce serait trop long et trop sérieux, d'ailleurs, pour un livre de chroniques et de fantaisies ; mais la question étant très importante, je la résumerai.

A mon point de vue, une révolution radicale dans l'Université est une nécessité absolue. La France ne peut se régénérer qu'à ce prix. L'*alma mater* a fait son temps.

Nous avons perdu dix ans au lycée à apprendre en ânonnant et comme des perroquets des choses que nous avons dû oublier afin de mettre dans notre tête d'autres choses utiles et d'un intérêt pratique. A part quelques exceptions — les futurs professeurs — personne ne tire profit ni même parti de ce qu'on lui a enseigné. Pour ma part j'étais noté comme exceptionnellement doué ; j'ai parlé le grec ancien, je ne sais plus le lire et je suis incapable de traduire couramment le latin.

Quant à l'histoire et à la géographie, on m'en avait tellement dégoûté par des dates inexpliquées, par des pays non décrits, que je suis resté très longtemps avant de me mettre à faire des études intelligentes et utiles.

On dit : « Au collège, on apprend à apprendre. » Soit, mais apprenez à apprendre en français, en anglais, en allemand, dans les langues parlées. Faites de l'histoire intéressante, vivante, qui, par des rapprochements intelligents, éclaire les événements du jour. Donnez aux enfants des notions exactes et précises sur tout ce qu'ils touchent, tout ce qu'ils voient, tout ce qui leur sert. Que les leçons de choses, dont on a fait si grand bruit, il y a quelques années, deviennent une réalité. Faites du cerveau des enfants non pas un bocal de choses mortes, mais un alambic de connaissances utiles.

Ne faites pas des apprentis savants, faites des hommes.

Il y aura toujours des êtres doués d'aptitudes spéciales qui s'adonneront aux études patientes qu'exige le passé ; pour ceux-là vous créerez des Facultés de langues mortes ; trois ou quatre en France suffiront, et je suis certain que la France sera toujours au prerang des humanistes ; mais alors l'étude du grec et du latin sera une exception comme aujourd'hui celle de l'hébreu et du sanscrit.

Pour la grande masse des intelligences et des activités, ouvrez des écoles pratiques et utilitaires.

Conservez le baccalauréat, mais transformez-le en examen de fond et non de forme ; rendez-le très sévère afin de déblayer le terrain social d'un tas de non-valeurs qui n'aspirent qu'à des sinécures.

Si nous maintenons notre organisation touffue, encombrée, paperassière, nous sommes perdus ; le déficit qui nous opprime nous submergera. Restant stationnaire, la France sera tôt ou tard absorbée ou tout au moins désagrégée par l'Allemagne envahissante. Pour ne pas tomber au rang de l'Italie du moyen âge, de l'Espagne du XVIIe siècle — c'est notre tour de décadence, nous avons eu notre César et notre Charles-Quint en Napoléon Ier — il faut que nous réagissions par un grand mouvement de modernisme.

J'estime que la réforme radicale de l'enseignement est la première à réaliser pour l'indispensable poussée en avant à la conquête de situations, de fortunes, de métiers, d'existences que la mère-patrie ne peut plus nous donner.

Les colonies et l'étranger sont pour nous le salut; mais si nous voulons n'y pas mourir de faim, il faut avoir l'esprit vif et alerte, il faut connaître les langues, savoir un métier, au moins un métier, être apte et prêt à tout.

Quel que doive être l'homme de volonté et d'énergie qui entreprendra cette œuvre de transformation, je lui promets de faire en sa faveur une propagande enthousiaste. Hélas! j'ai grand'peur que la politicaillerie, la lutte des personnalités et des partis, la poursuite des portefeuilles, les querelles électorales d'abord, parlementaires ensuite, laissent l'Université dans sa béatitude somnolente; elle modifiera plus ou moins ses programmes, mais elle restera la fée abrutissante des fils de la bourgeoisie; nous sommes bien obligés de lui confier nos enfants; elle est toute-puissante, et sans ses diplômes ils ne peuvent rien faire.

Ces doctrines, que j'ai condensées en un rapide résumé, nous ont tenus plusieurs heures à bavarder, à raconter des histoires, à rappeler des souvenirs. M. Filliol protestait contre mes affirmations révolutionnaires, mais au fond il était tout disposé à aller plus avant dans l'utile entreprise de l'École Monge qui, en attendant de pouvoir faire plus et mieux, s'est donnée pour mission de mettre au premier plan l'éducation physique de ses élèves.

Claudius Céalis, un grand et fort garçon, est très fier, et à bon droit, de son succès de Ville-d'Avray. Par le temps où nous sommes il faut avoir de l'estomac, au physique et au moral. Heureux les vigoureux et les audacieux !

A bavarder, j'avais complètement oublié l'accident du matin; sur la ligne on ne s'apercevait de rien, on ne parlait même plus de ce qui était arrivé.

Malgré tout, en arrivant à Vincennes, je suis allé porter au télégraphe une dépêche adressée au *Petit Journal*, dépêche relatant exactement les faits. Le journaliste ne se désintéresse jamais de l'actualité. C'est une passion.

ONZIÈME JOURNÉE

Lundi 13 août.

Confluent de la Seine et de la Marne. — L'épervier. — Madeleine punie. — Le docteur Fèvre. — Les cactées. — L'éléphant du Cambodge.

Combien d'idées fausses sont rectifiées par un examen attentif ou une visite sur place! Je m'étais toujours figuré que l'absorption d'une rivière par un fleuve, le confluent, était un spectacle majesteux. En imagination je voyais un hymen grandiose et solennel; j'entendais le gémissement plaintif de la rivière, attirée violemment par le fleuve. Volontiers j'aurais cru à un diminutif des chutes du Niagara...

11.

Con-flu-ent!... Le mot a de l'allure; il a comme une sorte de grondement qui impose respect. Quand je vous disais que nos dix ans de latin ne servent de rien. Si j'avais quelque peu réfléchi, j'aurais vu que le mot confluent veut dire tout simplement couler ensemble. Dès lors je n'aurais pas cherché midi à quatorze heures, je n'aurais pas eu la magie du rêve, mais aussi j'aurais échappé à la désillusion.

Car, il n'y a pas à dire, le confluent de la Marne et de la Seine est d'un prosaïsme affligeant. C'est à Charenton que le fait se produit. Par le bois on va jusqu'au village que l'on traverse; puis on passe sur le pont du canal de Joinville et l'on arrive sur le quai. Alors on voit deux grands cours d'eau qui se rejoignent à l'extrémité d'une langue de terre sans arbre, ni gerbe, ni végétation, un ancien résidu d'inondation.

Pour comble de malheur un pêcheur est debout sur son bateau et il lance l'épervier. C'est un bel homme, solidement planté, ma-

niant d'une main ferme et sûre le filet qui, de
son épaule où il était plié, va s'étaler largement sur l'eau pour s'enfoncer en se rétrécis-
sant, grâce au jeu des balles de plomb fixées
au bout de chaque fil et prendre — quand il
y en a — le poisson retenu par les mailles.

Décidément, je n'ai pas de chance en matière de pêche. Deux fois l'épervier a été
lancé, deux fois il a été retiré de l'eau sans la
moindre ablette ; la seconde fois une branche
d'arbre, entraînée par le courant, a été rame-
née du fond de l'eau ; le bois est tout à fait
impropre à la friture.

Nous sommes rentrés quelque peu désap-
pointés Henri et moi. Heureusement le soir
nous devions aller dîner à Fontenay-sous-
Bois, chez le docteur Fèvre, ce qui me donnera un intéressant chapitre. En attendant,
nous allons passer l'après-midi au lac. Seule
Madeleine est privée de la promenade en bateau ; elle est punie ayant dit des gros mots,
ce qui est abominable, surtout pour une fillette.

Tant que le bateau a été en vue, Madeleine est restée sombre, farouche, tête basse, poings fermés; elle ne pleurait pas, son amour-propre s'y opposait; elle ne se plaignait pas non plus, mais que de projets de vengeance passaient dans sa petite tête !

Enfin, la barque ayant disparu au détour de l'île, je dis :

— Je connais un endroit où il y a des mûres toutes noires et qui doivent être bien bonnes.

Je me dirige du côté du bois. Sans rien dire, Madeleine me suit; lorsque je lui tends les mûres que j'avais cueillies, elle hésite un instant à les prendre, puis la gourmandise l'emporte et elle happe ces fruits sauvages mais qui ne manquent pas de saveur.

J'en cherchai et j'en trouvai d'autres; bientôt ma fillette eut oublié sa mésaventure et se mit à jouer de tout cœur. Quand nous retrouvons les canoteurs :

— Je me suis bien amusée, moi, dit-elle;

j'ai mangé de bonnes mûres, moi; je ne sue pas, moi.

Sa vengeance était complète.

Après nous être rafraîchis à la Porte-Jaune, nous allons à Fontenay.

Le docteur Fèvre habite au milieu du village une jolie maison entourée d'un jardin : maison bourgeoise, jardin d'amateur. Oui, nous avons affaire à un spécialiste.

Presque tous les médecins ont une manie. Est-ce que vraiment la vue continuelle des laideurs et des misères humaines leur donne la passion des choses? — Je connais un assez grand nombre de médecins; ils sont tous maniaques ou collectionneurs. Les objets d'art, les médailles, les livres rares, les coquillages, les pétrifications, les fleurs, les plantes grasses, les fruits, que sais-je!... L'être animé, quel qu'il soit, ne les attire pas, si ce n'est après sa mort. Ce qu'ils veulent ce sont des choses... Je ne parle pas des bons vins ni des liqueurs de grande marque, c'est leur péché mignon à presque tous.

Le docteur Fèvre est amateur de cactées; pour lui, les végétaux ne comptent que s'ils appartiennent à l'espèce des plantes grasses et au genre des Cactées; il a des cactus longs, grands, en cœur, en boule, avec des perruques, en forme de porc-épic, armés de pointes plus ou moins aiguës. Il y a je ne sais combien d'espèces de cactées; les amateurs, fort peu nombreux d'ailleurs, se livrent à des accouplements et font des échanges; il sont dans le ravissement quand ils obtiennent une espèce nouvelle; leur joie atteint au délire lorsqu'ils ont pu se procurer une cactée microscopique, invisible à l'œil nu.

Ah! malheur à l'espèce douée, je devrais dire affligée de fleurs. Un jour, pendant l'été, alors que toutes les cactées sont hors de terre, je vis dans la collection du docteur Fèvre, sur un bâton plus ou moins noueux, une magnifique fleur en forme de flûte à champagne, d'un rouge superbe. Je m'extasiais. Le docteur leva les épaules :

— Peuh! Ça fleurit, dit-il.

Voilà où conduit la manie. Ce qui, pour le vulgaire, fait le charme des plantes, les fleurs, n'est plus, pour les collectionneurs de cactées, qu'une superfluité désagréable et gênante.

A tout prendre, j'aime encore mieux les fanatiques des fleurs. La grande vogue, en ce moment, est aux Orchidées. Là plante est laide, mais quelles merveilleuses tiges de fleurs! Quelles variétés, quelles formes, quelles nuances, quelles couleurs! Pendant l'hiver, j'ai fait tous les jours une visite à la devanture de Labrousse, le grand fleuriste des boulevards, près de l'Opéra, et je ne me suis jamais lassé d'admirer les Orchidées. Il paraît qu'en Angleterre l'engouement va jusqu'à la folie. M. Labrousse m'a cité un amateur qui a payé 400 livres sterling (10,000 francs) une orchidée inédite.

Le docteur Fèvre n'en est pas là avec ses cactées, il se borne à des échanges et à des accouplements. S'il lui prenait fantaisie de faire des achats ruineux, sa femme y mettrait

bon ordre. Excellente femme, Mme Fèvre, mé-
nagère de premier ordre et qui accepte, sans
les partager, les goûts de son mari. Il faut
bien laisser aux hommes un peu de liberté !

Le docteur Fèvre, je l'ai dit, est Bourguignon; il était médecin dans l'arrondissement
de Beaune lorsqu'on lui proposa une clientèle
à Fontenay-sous-Bois; il la prit et fit bien;
il s'est fait une situation excellente; aimé et
estimé de tous; mais aussi il est le médecin
modèle. A quelque heure de jour et de nuit
qu'on l'appelle, le docteur Fèvre accourt et je
vous assure que c'est souvent très pénible. Je
l'ai vu, au milieu d'un repas, alors qu'il cares-
sait un verre de Pomard à la couleur éme-
raude, ou de Chambertin à l'amertume onc-
tueuse; un client réclamait sa visite, un cas
grave se produisait; le docteur quittait la
table avec regret, mais il la quittait; plus
d'une fois il n'est pas revenu reprendre sa
place. Nous avions dû rentrer sans l'attendre.

Comment expliquer qu'un homme doué de cette activité quelque peu hâbleuse — la Bourgogne touche à la Provence — ait un fils d'un calme que l'on pourrait qualifier d'impassibilité? C'est ainsi. La nature a de ces caprices.

L'une des curiosités de l'intérieur du docteur Fèvre est un crâne d'éléphant, muni de deux défenses extraordinaires, qui n'ont pas moins de 1 mètre 37 centimètres, un tiers plus longues que celles du Jardin des Plantes.

Cette magnifique pièce anatomique lui a été apportée par son fils, Marc Fèvre, qui fait sa carrière diplomatique et consulaire en Indo-Chine. M. Marc Fèvre est au Tonkin; il a passé par le Cambodge; c'est dans son premier poste qu'il a tué l'éléphant géant.

Je le vis pendant un voyage en France et, naturellement, je lui demandai des renseignements détaillés sur cet exploit. Si j'avais tué un fauve quelconque, Nemrod ne serait qu'un petit garçon à côté de moi. Marc Fèvre considère le fait comme la chose la plus naturelle du monde. Voici à peu près textuellement son récit :

« Le poteau télégraphique le plus rapproché de notre résidence, était renversé toutes les nuits. Comme il était établi sur un terrain broussailleux et sec, nous ne pouvions pas savoir si c'étaient des indigènes ou un animal qui causaient le dommage. Je fis faire le guet et j'appris qu'un grand éléphant, un solitaire, venait renverser le poteau télégraphique qui probablement le gênait. Alors j'organisai un affût avec mes miliciens. Au moment où l'éléphant se disposait à donner une poussée contre le poteau, je lui logeai une balle explosible dans l'œil. »

Et voilà. C'est tout ce que nous avons pu tirer de lui. Avouez que poussé à ce degré, le calme contemplatif est une qualité rare. M. Marc Fèvre sera, quelque jour, un des agents les plus sérieux et les plus utiles du mouvement de colonisation française qui commence.

En attendant, nous avons bu plus d'une rasade à sa santé; c'était un dîner tout intime, sans façon, mais chez les Bourguignons, dût-on ne rien manger, il faut toujours savoir bien tenir un verre en main.

DOUZIÈME JOURNÉE

Mardi 14 août.

Les lecteurs qui ont eu la bienveillance de
me suivre jusqu'ici, savent que ma famille et
la famille Céalis, sont dans des relations très
intimes.

Cette intimité est telle que les deux sœurs
de M. Céalis ont consenti exceptionnellement
à venir déjeuner à Vincennes, ce qui est une
preuve d'amitié à laquelle je suis très sen-
sible; ces demoiselles, qui ont consacré leur

vie à leur père, restent chez elles dans une quasi claustration ; elles occupent leur temps à la surveillance d'une grande maison et d'un vaste jardin, à des travaux de ménage, au culte de pieux souvenirs.

J'ai tracé naguère, d'une main très légère, la silhouette discrète des deux demoiselles Céalis et probablement je me serais contenté de noter le plaisir qu'elles nous ont fait en quittant leur maison de Champigny pour venir déjeuner avec nous à Vincennes, mais le déjeuner a été marqué par un petit incident caractéristique, dont le récit a un intérêt familial.

Bien qu'elles aient des appétits de petits oiseaux, ma femme et ma fille avaient tenu à leur faire honneur et un bon petit déjeuner, avec force gâteries, avait été préparé pour onze heures.

Les deux sœurs venant de Champigny, M. Céalis et son plus jeune fils venant de Paris, sont arrivés en même temps ; les deux trains se croisent à Vincennes.

— Et Édouard? demandai-je après les compliments de bienvenue.

— Édouard est resté au bureau où nous devions le prendre pour le train passant à Reuilly
à 10 heures 10 ; son frère a mis si longtemps
pour choisir des bottines et un chapeau que
nous étions en retard; à Paris nous avons
pris nos billets directement pour Vincennes....
Ne nous voyant pas repasser au bureau,
Édouard viendra pour l'heure du déjeuner.

— En êtes-vous bien sûr?

— Certainement; il y a des trains tous les
quarts d'heure.

Avant d'expliquer mon point d'interroga-
tion : « En êtes-vous bien sûr? » je dois faire
connaître la situation.

M. Céalis a ses bureaux rue Dugommier, en
face la gare de Reuilly. D'un entresol bien
modeste partent des ordres qui donnent l'impulsion à des affaires d'entreprises, entreprises de prisons et de maisons centrales,
à des comptoirs à Colon et dans l'île de
Madagascar. Rue Dugommier se traitent des

marchés pour des sommes énormes; il importe que tout soit réglé à la minute et que le personnel ait pour mérite principal la ponctualité.

L'aîné des fils Céalis, à une intelligence très déliée, joint une exactitude absolue. C'est le soldat au port d'arme, qui ne bouge pas avant d'avoir été relevé de faction. J'ai déjà eu l'occasion de dire qu'ayant conquis l'épaulette à la force du poignet, en passant par l'école de Saint-Maixent, il avait donné sa démission afin de se consacrer aux affaires de son père; il a gardé du service militaire la qualité maîtresse : l'obéissance.

J'étais convaincu que de lui-même il ne viendrait pas déjeuner.

Nous attendons un quart d'heure, une demi-heure; personne.

Que faire en attendant et lorsqu'on a grand faim? Le croquet est une ressource pour les enfants. La conversation fait prendre patience aux grandes personnes.

— Comment avez-vous fait pour être en retard, vous qui êtes l'homme-exactitude? demandai-je à M. Céalis.

— C'est Claudius qui m'a induit en faute. Il avait à acheter des bottines et un chapeau; il a fait bouleverser les magasins avant de choisir, et, en fin de compte, il a pris des bottines très pointues, comme c'est la mode, mais trop étroites.

Convaincu que nous avions assez longtemps encore à attendre, j'ai provoqué une conférence sur l'admirable patience des commerçants parisiens.

Eux et leurs employés, ils sont toujours souriants et polis, attentionnés et gracieux. Très souvent, un client de passage fait exécuter des fouilles dans tous les cartons et tiroirs; il exige que l'on déballe les rouleaux rangés dans les rayons supérieurs; il passe d'un comptoir à un autre sans jamais être content; il est hésitant et dédaigneux; les demoiselles de magasin et les employés sont empressés et complaisants. Ils doivent avoir des envies folles d'envoyer le client à tous les diables, ils se contiennent et l'on ne s'aperçoit même pas de leur irritation nerveuse, laquelle, cela s'est vu, arrive parfois jusqu'à la syncope.

Les femmes surtout se livrent à ce manège, les unes par désœuvrement, les autres pour se venger d'avoir été jadis derrière un comptoir; le plus souvent elles n'achètent rien; on ne les accompagne pas moins cérémonieusement jusqu'à la porte.

Les hommes sont, en général, moins persévérants dans leur flânerie magasinière. Lorsqu'ils ont vraiment envie d'un objet et qu'ils ne le trouvent pas, ils expriment leur regret et s'en vont sans avoir exaspéré les employés. Il arrive quelquefois qu'ils entrent dans un magasin où se trouve une jolie vendeuse... Mais ceci ne rentre pas dans mon sujet.

Cette petite dissertation nous a fait encore gagner un quart d'heure. Midi avait sonné à la ville. Ma conviction, très arrêtée dès le début, avait pris une force nouvelle.

— Edouard restera au port d'armes, j'en suis certain.

— Que faire alors?

— Ce que je vous avais proposé dès le début, aller le chercher... Il est midi; votre employé qui habite Vincennes va arriver par le premier train; je vais aller chez lui et son gamin partira pour Reuilly.

En effet, une forte demi-heure plus tard, le temps d'aller et de venir, Édouard arrivait et nous pouvions nous mettre à table; il était près d'une heure.

A cette occasion j'ai constaté l'influence de l'autorité paternelle, quand elle est bien réglée, sérieusement établie, basée sur l'affection.

M. Céalis qui, en sa qualité de Méridional, est gourmand, quand il s'agit tout au moins du repas du matin, avait pesté fort et ferme contre son fils aîné; il n'eut pas un mot de reproche à son arrivée.

Les gamins et gamines, s'inspirant de nos conversations et prenant au sérieux les récriminations des estomacs aux abois, avaient reçu Édouard en rang, comme s'ils avaient formé un peloton militaire; ils avaient pris des balais, des bâtons, des maillets de croquet, des appareils quelconques, ayant de près ou de loin l'apparence de fusils, et au commandement de Claudius, ils avaient fait les mouvements de l'exercice.

— Portez, armes!... présentez, armes !

Quand cette petite plaisanterie eut pris fin, M. Céalis dit à son fils :

— Tu attendais au bureau?

— Oui, mon père. Je vous attendais depuis dix heures et vous ne m'aviez pas dit de partir si vous ne reveniez pas en temps opportun.

— C'est juste. Ton frère m'a mis en retard. Réparons le temps perdu.

Par des miracles de précautions, le déjeuner avait été maintenu à un degré à peu près convenable. Nous avons tous fait gaiement contre mauvaise fortune bon cœur et mordu à belles dents.

La fringale apaisée, la conversation a pu

reprendre et le père a demandé à son fils :

— Jusqu'à quelle heure nous aurais - tu attendus?

— A une heure, j'aurais mangé un morceau de pain et de fromage et je serais parti à votre recherche, car je commençais à être sérieusement inquiet.

Brave fils et heureux père !

TREIZIÈME JOURNÉE

Mercredi 15 août

Tempête de vent. — Le mistral. — Souvenir du Midi. — Un orage effroyable. — Feuillet de carnet.

Décidément nous passerons par toutes les transes que donne le mauvais temps. Comme à cela nous ne pouvons rien, je me suis abstenu de noter toutes les variations de la température ; le soleil a été si parcimonieux de ses rayons en ce mois d'août, que je n'ai pas cru devoir lui faire compliment de ses rares éclaircies ; j'ai parlé une fois pour toutes au début des giboulées exceptionnelles de la fin de l'été de l'année 1888.

Aujourd'hui, c'est d'une tempête qu'il s'agit, tempête de nuit et de jour.

Au milieu de la nuit, un coup de vent effroyable, sans pluie. Les fenêtres et les portes sont agitées tumultueusement ; le vent fait rage et passe par toutes les cheminées, par toutes les fissures ; les enfants ont peur et appellent ; il faut aller les consoler et aussi les couvrir, car la température s'est subitement abaissée ; nous allumons les bougies afin de calmer les terreurs infantiles. C'était le vent d'ouest, le mistral parisien, lequel se fait moins souvent sentir — et c'est fort heureux — que le vent du nord dans la vallée du Rhône.

Lorsque la bourrasque se fut calmée et que les enfants eurent repris leur sommeil, je rappelai à ma femme le coup de mistral qu'elle subit à notre premier voyage chez mon père.

Mon pays natal, Sérignan, petit village près d'Orange, est sur le passage du grand mistral, lequel, on le sait, commence à peu près

à Valence et suit la vallée du Rhône en aug-
mentant de force jusqu'à Avignon. Là il est
irrésistible dans ses grandes fureurs. A de certains endroits, les hommes les plus vigoureux
sont obligés de s'arc-bouter en avant, la tête
baissée, le corps de côté afin de présenter moins
de prise à l'impalpable ennemi. Les femmes
ont beau serrer les jupes contre le corps ; le
tourbillon rejette ces jupes sur la tête, ce qui
donnerait de charmants spectacles si la poussière permettait d'ouvrir les yeux.

A partir d'Avignon, le mistral, — on dit
aussi la bise, appellation au sifflement imi-
tatif, — le mistral décroît à mesure que la
campagne s'élargit. Sans doute à Tarascon,
Arles, Marseille, le vent est violent, mais il
n'a pas le caractère impétueux qu'il déploie
dans le département de Vaucluse.

Nous arrivâmes à Sérignan, ma femme et
moi, par une journée admirable ; c'était l'é-
poque des vendanges : beau soleil ; air calme
et pur d'été sur son déclin, d'automne à son
aurore. Le mistral, on l'a remarqué bien sou-

vent, est comme la neige, sans influence sur le baromètre ; il ne se fait pas annoncer, mais les malheureux névropathes le sentent venir et prédisent sa venue sans jamais se tromper.

Les baromètres humains ne sont pas encore pris au sérieux ; quand je dis à mon père que le mistral était proche, il se moqua de moi et affirma, — il l'aurait juré si on l'y avait incité, — que le beau temps durerait plus de huit jours.

Le sommeil est le seul remède dans les accès de nervosisme climatérique ; j'allai me coucher vers quatre heures après midi, et c'est à peine si j'entendis ma femme se glisser près de moi à l'heure normale du coucher.

Au milieu de la nuit, je me sentis secoué par une main fébrile ; je me réveillai en sursaut ; les portes battaient ; les fenêtres claquaient ; on entendait des sifflements furieux ; il semblait que la maison allait être renversée.

— Ah! mon Dieu! gémissait ma femme toute tremblante. Qu'arrive-t-il! Quel est ce bouleversement?

— Cela, c'est le mistral, tout simplement.

Il s'était déchaîné comme un coup de foudre. Jusqu'au matin il nous fut impossible de dormir; le vent prenait à chaque instant des forces nouvelles et menaçait de tout emporter.

Cette nuit à Vincennes, nous n'avons pas éprouvé les mêmes angoisses, mais la nuit n'a nullement été agréable et reposante; le vent soufflait en tempête tellement violente qu'il ne laissait pas à la pluie menaçante la possibilité de tomber; jusqu'à midi il en a été de même.

Triste matinée pour un 15 août, fête de l'Assomption, fête légale que tous les catholiques célèbrent avec ferveur; c'est la fête de la Vierge et des jeunes filles; un beau soleil devrait en être l'accompagnement obligé.

Leurs devoirs religieux remplis, les enfants sont revenus à la maison et nous avons tué le temps comme nous avons pu. Jusqu'à midi il n'y a eu trop rien à dire : le croquet et les jeux de jardin ont été d'un grand secours; mais à partir de midi, le tonnerre a fait se calmer le vent et la pluie s'est mise de la partie.

Pour comble de malechance, nous avions accepté un dîner prié chez le docteur Fèvre. Ma maison est à peu près à mi-chemin entre la gare de Vincennes et celle de Fontenay-sous-Bois; de celle-là à la maison du docteur Fèvre, il y a une distance que, en tout état de cause, il faut franchir à pied, de même que le parcours de la maison à la gare de Vincennes; la banlieue de Paris n'a pas encore de service de fiacres.

Le moment du départ arrivé, tout bien considéré et malgré la toilette que nous avions dû faire, nous décidons d'aller directement à Fontenay. La pluie avait cessé, mais le temps menaçait terriblement et la route avait des fondrières.

Nous voyez-vous en famille, y compris la

fillette, cheminant dans la boue, les parapluies toujours en garde?

Relativement, nous avons été heureux. La pluie ne nous a repris qu'à une centaine de mètres avant la gare de Fontenay, une pluie faite d'énormes gouttes d'eau, prélude d'une averse.

Nous avons couru au plus vite et nous avons pu arriver dans la salle d'attente de la gare, assez à temps pour ne pas être inondés. Il nous a fallu rester dans cette salle d'attente une grosse demi - heure. L'eau tombait à torrents et, poussée par le vent, s'abattait contre les carreaux de vitre comme si elle avait été lancée avec un baquet.

Nous étouffions littéralement dans une petite salle où s'étaient réfugiés tous les promeneurs égarés, sans compter les voyageurs. Dès que l'orage eut cessé, nous sortîmes, avides d'air et désireux d'arriver chez le docteur où nous nous savions attendus pour faire connaissance avant dîner avec de joyeux compagnons.

Comme des étourneaux nous n'avions pas réfléchi que la ville de Fontenay étant bâtie sur le coteau, ses rues sont en pente, et que par conséquent l'eau devait se précipiter des hauteurs, et dans les parties basses former torrent. Rien de plus vrai ; nous aurions eu besoin d'un bateau remorqueur. Tant bien que mal toutefois, nous remontâmes le torrent. J'avais Madeleine sur mon dos ; la chère enfant n'aurait pas su où mettre ses petits pieds.

Je savais que chez le docteur, la cuisine et la cave sont exquises. Nous nous sommes séchés à un bon feu de bois, et nous avons pu nous mettre en rapport avec les invités, M. et Mme Rousseau, propriétaires à La Varenne.

On les avait bien dépeints d'un mot : « Ce sont de bons vivants, très gais, sans façons. » Nous les retrouverons à leur jolie maison de La Varenne dans leur milieu. J'aurai appris dans l'intervalle que M. Rousseau a une charge de facteur aux Halles de Paris, ce qui donnera lieu à d'intéressantes observations.

En attendant je détache des notes inscrites, le soir même sur mon carnet, ces quelques lignes qui résument la première impression et laissent entrevoir un caractère :

« Après dîner, petite banque ; comme toujours j'ai perdu ; Mme Fèvre, très joueuse, attentive à son jeu ; Mme Rousseau, riant quand elle gagne, riant quand elle perd, babillant toujours. Si elle n'était pas un peu forte, on jurerait un gamin de Paris qui a fait la farce de s'habiller en femme. »

QUATORZIÈME JOURNÉE

Jeudi 16 août.

Même journée que la veille, pluvieuse et triste. Nous avons pu cependant aller canoter sur le lac de Vincennes. Le soir, j'avais à dîner chez moi nos aimables voisins, M. et Mme Colet, les parents du précoce comique amateur; mon collaborateur au *Petit Journal*, M. Laffon et M. et Mme Fèvre.

Nous étions devant la porte avec un Vincennois lorsque M. Laffon est arrivé. Après les saluts d'usage :

— Est-il indiscret, dit-il à M. Laffon, de vous demander quel sera votre favori pour le grand prix de Deauville, dimanche prochain?

— Pas du tout. Je suis pour *Galaor*.

— On dit cependant beaucoup de bien du champion anglais, *Van Dirman's Land*.

— Je sais qu'il a ses partisans, mais je préfère *Galaor* et parce qu'il appartient à une grande écurie française....

— Toujours patriote!

— ... Et parce qu'il a de meilleures performances que son concurrent. En matière de courses, le patriotisme est une duperie; c'est bon pour les spectateurs qui n'ont pas d'argent engagé et qui acclament les vainqueurs. Les véritables sportmen sont cosmopolites.

A ce moment j'intervins, disant :

— Vous voulez dire les parieurs.

— C'est à peu près la même chose.

— Donc, sans les paris les courses n'existeraient pas?

— Oui et non. Pour le public spécial qui bat la grosse caisse autour des courses, l'essentiel est le pari sans lequel on ne ferait pas ses frais; mais, pari à part, les courses sont devenues un spectacle passionnant. Je connais des personnes qui sont enthousiastes pour les courses de chevaux autant que les Espagnols pour les courses de taureaux.

La conversation devint générale et porta spécialement sur les courses.

Je ne sais pas s'il faut accepter dans leur ensemble les malédictions et les prophéties sinistres des philosophes moroses qui voient dans la passion des courses de chevaux qui, depuis dix ans, a fait en France de véritables ravages, une marque de dégénérescence et un commencement de décrépitude; les jeux olympiens efféminèrent les Grecs de l'antiquité; les jeux hippiques mirent les anciens Romains à la merci des Barbares; les uns et les autres ressemblaient fort aux courses actuelles; tout le monde s'en occupe; tout le monde joue; non seulement il y a foule sur tous les hippodromes, quelque temps qu'il fasse, mais encore, grâce aux agences du pari mutuel officiel, — l'État reconnaît donc le jeu public! — grâce aux maisons de commission des bookmakers, on joue par correspondance.

Les écuries sont des affaires de spéculation; le résultat des courses est trop souvent subordonné à des combinaisons, à des ententes, à des supercheries qui ressemblent à des filouteries. Les malins s'ingénient pour être dans le secret; ils ont quelquefois ce que l'on appelle des « tuyaux », c'est-à-dire des indications sûres désignant le gagnant. Le bon public paye sans rien savoir, et ses déconvenues ne le guérissent pas. Il joue pour gagner. Malheureux aujourd'hui, il espère être heureux demain. Ce demain n'arrive presque jamais.

De l'amélioration de la race chevaline, pour la cause de laquelle fut créée autrefois la Société d'Encouragement, il n'est pas plus question que de la crinière du mythologique Pégase.

Je ne suis ni joueur ni parieur, je n'aime pas les courses ; mais je m'abstiens autant que possible de parti pris. En faveur de toutes les choses de ce monde, on peut faire valoir des arguments, de même qu'on peut donner de bonnes raisons contraires.

M. Laffon qui se passionne volontiers, plaidait la cause des courses et je m'amusais à l'exciter par des réflexions railleuses. Il rappelait les journées mémorables du Bois de Boulogne, alors que le vainqueur du Grand Prix était un cheval français et que de cent mille poitrines sortait le cri de : vive la France ! alors que dans l'affolement de la victoire les foules se précipitaient au risque de s'écraser.

— Toutes les foules sont déséquilibrées, dis-je ; le fluide humain surexcite et fait perdre la tête.

— Qu'il y ait un peu d'excitation, c'est possible ; mais sur le champ de course et surtout aux tribunes et dans l'enceinte du pesage, chacun est heureux pour son compte. Après avoir joui du spectacle merveilleux de chevaux dévorant l'espace, quand on a retenu son souffle, que l'on a été emporté en imagination par cette course vertigineuse, on éprouve une grande joie et on l'exprime par des vivats et des acclamations. C'est plus fort que soi.

— Quand on gagne.

— Sur le moment on ne pense pas à son gain. La sublimité du spectacle prime tout.

— Voyons, voyons, vous n'avez pas la prétention de me faire croire à votre émotion, vous qui connaissez tous les trucs.

— Mais les sociétés de courses égalisent les chances dans la mesure du possible. La vitesse est le grand critérium de la force d'un cheval. Celui qui a gagné déjà une ou plusieurs courses reçoit en surcharge un poids plus ou moins lourd ; il y a aussi des différences d'âge dont on tient compte. Avant et après la course, on discute le plus ou moins d'exactitude des mesures prises, le plus ou moins de moralité des entraîneurs, jockeys, etc. ;

pendant la course, on est tout à la grandeur passionnante du spectacle.

— Vous êtes heureux de voir quelque chose. Toutes les fois que je suis allé aux courses, j'ai été aveuglé par la poussière, à moins que ce ne soit par la pluie.

Mon interlocuteur eut un geste de découragement ; il était navré.

Le temps étant un peu meilleur à ce moment-là, en attendant le docteur et sa femme, nous étions assis sur le rebord du support de la grille qui forme banc ; Henri et Madeleine jouaient au cerceau.

— Tenez, dis-je, si vos courses donnaient un spectacle animé comme celui de ces enfants, un spectacle qui ne se bornât point à une arrivée au poteau, j'irais très volontiers y assister ; un cheval est une belle bête, mais encore faut-il le voir... Après tout, c'est votre affaire. Nous n'en sommes pas, dieu merci, aux courses obligatoires. Je reste donc libre de n'y pas aller... N'oubliez pas *Galaor*, dis-je à l'ami de M. Colet.

— Je l'ai noté.

— S'il gagne, comme je l'espère, je télégraphierai de Deauville.

Ce fut le mot de la fin, dit par M. Laffon ; et il est capable de télégraphier ; depuis qu'il a le département du Sport du *Petit Journal*, il est devenu fanatique.

C'est que réellement c'est une passion, les courses, dominatrice et contagieuse comme toutes les passions ; ce fait n'est pas niable. Tous les journaux publient des comptes rendus détaillés ; la plupart donnent une liste de favoris et lorsque ceux-ci gagnent, ils célèbrent leur perspicacité, qui n'est le plus souvent qu'une heureuse chance.

M. Laffon a toujours eu le goût des exercices du corps ; il y a quelques années, au début de la fureur des courses, il publia au *Petit Journal* une étude complète intitulée : LE MONDE DES COURSES ; ses articles ont été réunis en un volume qui est très souvent consulté ; il en est de même du MONDE DES

PÊCHEURS, conçu, exécuté et publié dans les mêmes conditions.

Ces travaux désignaient M. Laffon pour la spécialité qu'il occupe aujourd'hui dans le *Petit Journal* et dont il s'acquitte fort bien.

Mais voyez comme la fortune a des circuits bizarres ! M. Laffon paraissait destiné à l'érudition. Entré à la Bibliothèque Nationale, il y a fait rapidement son chemin. Toutes les fois que dans un journal on avait besoin d'un article pour lequel des recherches étaient nécessaires, on s'adressait à lui. C'est ainsi que nous l'avons connu. Ses premiers articles au *Petit Journal* — en dehors des séries dont je viens de parler — avaient pour sujet un fait historique, ou bien une coutume ancienne, ou bien encore un écrivain, un auteur dramatique, un artiste, ramenés pour une cause quelconque à l'actualité. Mais ce n'était pas un travail fixe ; or, dans le journalisme, comme dans tout autre corps d'état, la meilleure situation est celle qui ne comporte pas de chômage.

C'est égal, cette spécialisation d'un véritable écrivain nous privera peut-être d'une œuvre de valeur. Le journalisme est un insatiable minotaure.

QUINZIÈME JOURNÉE

Vendredi 17 août.

Ville-Évrard. — Historique. — L'asile et le pensionnat. — La pièce d'eau. — Le canal de Chelles. — Charlemagne, pêcheur-restaurateur.

— Père, il y a longtemps que nous n'avons pas fait une longue course.

C'est Henri qui me réveille par ces paroles insidieuses en sautant sur mon lit aux premières lueurs du jour ; il est habillé et prêt à partir. J'aurais dû pressentir cette secouée ; la veille, en effet, mon gamin s'était démené comme un diable ; pendant que je comparais ses gambades de joueur au cerceau avec le galop des chevaux de course, il avait henni

de plaisir ; il faut toujours se méfier des enfants, ils entendent tout ce que l'on dit sur
leur compte.

Au réveil j'eus conscience de cette observation que j'aurais dû faire la veille ; trop tard,
je n'avais maintenant qu'à me soumettre.

— Si le temps le permet, je ne demande
pas mieux que de te faire faire une longue
course, dis-je en me frottant les yeux.

— Sans être beau, le temps est meilleur.

— Laisse-moi m'habiller et je suis à toi.

Nous avons fait jusqu'à présent de nombreuses courses dans la basse Marne, laquelle
commence à Nogent ; nous avons parcouru
la grande boucle jusqu'à Champigny ; nous
sommes invités pour demain à la Varenne-
Saint-Hilaire ; mais nous avons quelque peu
négligé la haute Marne ou pour mieux dire la
Marne supérieure qui remonte jusqu'à Noisiel,
où se trouve l'admirable usine du chocolat
Menier, avec la cité ouvrière qui en forme le
complément.

Puisque mon garçon m'y convie, je vais

faire une promenade de reconnaissance ; nous organiserons une expédition, s'il y a lieu.

Peu importe à Henri d'aller là ou là, pourvu qu'il voie des pays nouveaux.

— Veux-tu que nous allions à Ville-Evrard? lui dis-je lorsque nous fûmes prêts à partir.

— Où tu voudras, père.

Le ton de cette réponse me fit comprendre que mon gamin ignorait l'existence du grand hospice d'aliénés.

— Ville-Evrard est un peu loin, lui dis-je; il faut que nous prenions le chemin de fer nogentais.

C'est, en effet, le manque de communications entre Paris et Ville-Evrard qui a surtout préoccupé le docteur Delthil, lorsqu'il a créé le chemin de fer nogentais. Les pensionnaires de Ville-Evrard, par un traitement en plein air et grâce au travail, reviennent peu à peu à la raison et à la santé ; ils se débarrassent du surmenage de la grande ville. Leurs parents et amis peuvent leur rendre visite le jeudi et le dimanche.

Le parisien, on le sait, a le culte de ses morts et le souci de ses malades. Les jours de visite dans les hôpitaux, il y a foule; mais l'hôpital est dans l'intérieur de Paris. L'asile de Ville-Evrard doit ses vertus curatives à son éloignement. Malgré toute leur bonne volonté, les parents et amis des pensionnaires de Ville-Evrard ne pouvaient les voir que de loin en loin; le plus souvent ils faisaient la route à pied, depuis l'une des gares circonvoisines toutes très éloignées, ou bien ils se servaient de ces abominables chars à bancs de louage qui déshonorent quelques coins des environs de Paris.

Grâce au tramway nogentais, le voyage de Ville-Evrard est maintenant très facile, j'ajouterais très agréable, si le point d'arrivée était autre qu'un établissement d'aliénés. J'avoue que nous avons fait gaiement la route avec Henri, n'ayant ni parent ni ami à visiter. Du haut de l'impériale du tramway nous suivions toutes les péripéties du paysage qui se modifie à chaque pas ; j'ai dit entre temps ce que je sais sur Ville-Évrard.

C'était un domaine agricole de 300 hectares, appartenant à la famille de l'Espée ; une maison de maître — le mot château serait trop ambitieux — avait été construite dans un parc très bien aménagé dont il reste quelques traces et entouré presque entièrement par une magnifique pièce d'eau appelée, je ne sais pourquoi, le canal de Ville-Évrard.

En 1864, le département de la Seine, poursuivant son œuvre excellente du traitement au grand air de ses aliénés, acheta le domaine de Ville-Évrard. La vente fut faite par M. Lebaudy de Rochetaillée. De 1865 à 1869, les bâtiments de fermes ont été transformés, des constructions nouvelles ont été faites sous la direction de M. Lequeux, architecte (mort en 1873). Le prix d'achat fut en chiffres ronds de 1.200.000 francs ; les dépenses de transformation et de construction se sont élevées à six millions.

L'inauguration de l'asile de Ville-Évrard

eut lieu en 1869 ; il s'est constamment développé depuis cette époque ; il renferme 600
aliénés, dont la plupart sont occupés par les
cultivateurs qui ont pris les terres à fermage.

Après avoir dépassé Neuilly-sur-Marne, le
tramway nogentais quitte la route et entre
dans les terres de Ville-Évrard. A l'approche
de l'Asile, Henri se sentait envahi par la tristesse que cause toujours l'idée de folie. Je le
rassurais de mon mieux et j'espérais que la
vue de l'établissement le calmerait tout à fait.
Du haut de l'impériale nous plongions dans
les cours ; les internés se promenaient tranquillement, soit à l'air libre, soit dans les promenoirs couverts. L'établissement public se
trouve à droite du chemin ; de l'autre côté,
où existait autrefois le parc, le département a
créé un pensionnat qui rend de très grands
services aux familles affligées de cas de folie.
Les pensionnaires y sont fort bien traités et à
des prix raisonnables, on pourrait dire plus
que raisonnables. Il y a trois classes taxées
respectivement 2.400, 1.800 et 1.200 francs.

— C'est à regretter de n'être pas fou, m'a dit un garçon laborieux, intelligent, actif, qui a beaucoup de mal à gagner les 3,000 francs que lui coûte la vie libre.

Je n'avais pas l'intention de m'arrêter longtemps à Ville-Évrard ; il importe de ne pas laisser les enfants s'appesantir sur les idées de folie et d'assistance ; les premières les troublent, les secondes ont de trop grandes obscurités.

Après avoir jeté un rapide coup d'œil sur les deux parties de cet établissement modèle, nous avons continué notre route du côté de la pleine campagne et nous avons demandé notre chemin à un homme que nous avions vu rôder autour des tramways.

En me voyant me diriger du côté de cet homme, Henri, qui est observateur, me tira par le veston.

— Père, dit-il, c'est un fou.

— Oui, mais un fou en liberté. Il y a des catégories très nombreuses de gens privés de raison à un degré quelconque, depuis le simple maniaque jusqu'au fou furieux. La science et l'assistance publique, se complétant l'une l'autre, traitent aujourd'hui la folie comme une maladie ordinaire, tandis qu'autrefois on la considérait comme une manifestation démoniaque. Le fou furieux n'est pas plus dangereux qu'un individu atteint d'une maladie contagieuse.

— Et tu crois qu'il va te répondre ?

— Sans aucun doute. Cet homme me fait l'effet d'un commissionnaire.

C'était réellement un pauvre diable qui avait dû subir une attaque de paralysie ; il paraissait absolument incapable de travail ; il avait les mains tremblantes, l'œil atone, la parole pâteuse ; il répondit cependant à mes questions, très simples, sans embarras.

— Pour aller à Gournay ?

— Passer le canal et tourner à gauche.

— Est-ce loin ?

— Pas trop. Fameuse matelotte chez le père Charlemagne !...

Et il se mit à rire de ce rire sans gaieté de l'idiot.

Je donnai vingt sous à ce malheureux qui se confondit en remerciements et nous prîmes notre course.

Henri ne tenait plus en place.

— Tu vois bien qu'il est fou, archi-fou, dit-il. Le père Charlemagne!... Il a fait ses classes et il s'imagine vivre au temps du grand empereur.

J'étais, j'en conviens, très intrigué par ce « Père Charlemagne. » Mais je fus bientôt distrait par la magnificence du paysage. Et d'abord, avant d'arriver au pont jeté sur le canal de Chelles, nous vîmes la grande pièce d'eau dépendant de l'ancien château. Les fêtes sur l'eau devaient être évidemment le plaisir favori de la famille de l'Espée; la pièce d'eau est assez large et longue pour des régates. Le conseil général de la Seine, qui n'a pas et ne peut avoir l'ambition de reconstituer les réjouissances princières, pense à utiliser cette pièce d'eau; il veut la faire nettoyer, puis empoissonner, afin de donner aux pensionnaires et même aux assistés quelques distractions complétées par de bonnes fritures.

Le canal de Chelles n'est séparé de la pièce d'eau de Ville-Évard que par une chaussée de peu d'étendue. Les deux chemins de hallage de ce canal sont d'admirables allées de peupliers blancs et de trembles à l'ombrage si doux qu'il donne la sensation d'une cantilène chantée *mezza voce* par une mère pour endormir son bébé.

Sur le bord du canal, le long des ruisseaux qui séparent la chaussée des terres labourables, des fleurs à brassées, des fruits sauvages, mûres et framboises, en quantités.

Nous avons fait des bouquets énormes et cueilli des fruits tant et plus. Nous manquions, il faut le reconnaître, complètement de sérieux; les bateliers et leurs camarades les remorqueurs riaient de nous voir si affairés; ils se disaient : « Peut-on être Parisien à ce point-là! »

Le canal de Chelles est mal nommé; il

part de Voiry et aboutit à Neuilly-sur-Marne, laissant Chelles assez loin dans les terres ; il a été creusé pour éviter trois ou quatre kilomètres de rivière que les herbes rendent innavigable. C'est ce qui a permis au grand-père Menier d'obtenir l'une des plus fortes chutes d'eau qui existent, grâce à laquelle l'usine de Noisiel peut fabriquer actuellement 40,000 kilogrammes de chocolat par jour.

Nous bavardions, Henri et moi, marchant toujours, cueillant des fleurs, nous barbouillant avec des mûres et des framboises, sans souci du temps qui passait ni de la fatigue qui arrivait. Nous nous étions dit que nous irions jusqu'au second pont que nous avions vu dès le début très distinctement. Mais descendant, remontant, revenant sur nos pas, nous avons fait dix fois le chemin. Enfin nous arrivons.

Je montais tranquillement, désireux de voir du haut du pont le point de vue, lorsque Henri, décidément très gai ce matin, éclate de rire et se tord en secouant un poteau supportant un écriteau.

Son accès d'hilarité était quelque peu justifié; je lis avec stupéfaction sur l'écriteau :

CHARLEMAGNE

PÊCHEUR-RESTAURATEUR

— Je me réconcilie avec le fou, me dit Henri, quand il eut fini de rire et qu'il put parler.

Je pensai seulement alors à regarder l'heure. Nous étions très en retard; il fallut prendre le pas de course pour regagner le tramway; par bonheur il n'était pas parti; comme il n'a qu'un départ toutes les heures, nous ayons risqué d'être en panne, et de quelle façon !

A notre rentrée à la maison, nous avons dû raconter par le menu notre escapade. Pour nous faire pardonner le retard et le déjeuner trop cuit, j'ai promis à tout mon monde de recommencer la partie de Ville-Évrard.

J'avais mon plan. Le soir nous avions à dîner M. Ernest Flammarion, le frère de l'astronome, l'associé de M. Marpon. Je n'ai rien à dire de ces messieurs. Les lecteurs m'accuseraient de complaisance. MM. Marpon et Flammarion occupent une place très importante dans le monde des éditeurs et des libraires; ils ont donné à la librairie l'essor qui lui manquait; ils l'ont popularisée; ils en ont fait un commerce ordinaire accessible à la concurrence et où triomphent les habiles et les audacieux qui donnent du bon au meilleur marché possible.

Lorsqu'il s'est agi de créer le *Bon Journal*, nous avons vite été d'accord; or, dans le *Bon Journal*, j'ai publié une étude très développée sur l'usine de MM. Menier. M. Flammarion m'avait dit souvent : « Je voudrais bien visiter Noisiel. » Le moment de cette visite était venu.

En dînant, je parlai de notre promenade du matin. Je traçai l'itinéraire d'un voyage à Noisiel. Nous partirions de bonne heure; nous irions déjeuner chez Charlemagne; après déjeuner, nous irions à Noisiel et nous reviendrions dîner à la maison.

Accepté à l'unanimité. Seulement nous devions être dix pour cette expédition lointaine, les enfants devant en faire partie, cinq Escoffier, cinq Flammarion. Je me chargeai de tout arranger et nous prîmes rendez-vous pour le mardi 21.

SEIZIÈME JOURNÉE

Samedi 18 août.

Les gares des environs de Paris. — Un hameau de 7 à 8,000 habitants. — Les facteurs aux halles. — La cloche d'appel. — Un dîner de Gargantua.

J'aurais voulu pouvoir faire la grasse matinée, ce qui m'eût été facile, car nous avions rendez-vous seulement au train de une heure vingt minutes pour aller à La Varenne-Saint-Hilaire; mais à la première heure les clairons ont sonné; c'était une fois de plus la cérémonie du drapeau. On ne se refait pas; la sonnerie militaire a un attrait irrésistible; la belle tenue des soldats, le solennel hommage rendu au

drapeau font battre le cœur; je plains les fan-
farons de scepticisme qui lèvent les épaules;
ils sont grâce au ciel en infime minorité; la
grande masse, dont je suis, est fière de sentir
battre son cœur et d'éprouver de nobles sentiments.

Se remettre au lit après une scène émouvante
n'est pas du tout dans mes habitudes; les enfants, d'ailleurs, étaient réveillés eux aussi, et
menaient un train d'enfer.

Donc il a fallu commencer de très bonne
heure cette journée que je prévoyais devoir
être fatigante, mes hôtes de La Varenne étant
jeunes, gais, bons vivants.

Pendant que les enfants faisaient leur toilette, déjeunaient et préparaient les jeux, j'ai
eu la bonne idée de prendre mes précautions
en vue de la partie de Noisiel. J'avais promis
de me procurer des laissez-passer; promettre
est toujours facile, mais nous devions être six
grandes personnes et quatre enfants, en tout
dix visiteurs, une véritable caravane.

Bien que l'usine de Noisiel soit une maison

de verre où tout se passe au grand jour, où les
étrangers et les visiteurs sont accueillis de
bonne grâce, je ne voulais pas m'exposer à
une fin de non-recevoir ou à un accueil peu
empressé; j'ai donc écrit à l'un des frères Menier et au directeur de l'usine. Cela fait, j'avais
la satisfaction du devoir accompli et je pouvais
me prêter à toutes les fantaisies familiales;
douces violences après tout et contre lesquelles
nous ne nous insurgeons que pour la forme;
n'ont-elles pas l'immense avantage de faire
passer le temps avec une extrême rapidité?

Malgré tout il faut être à l'heure, et je suis
toujours obligé d'activer les préparatifs du départ; c'est ce qui m'est arrivé aujourd'hui
même, après le déjeuner suivi d'une troisième
ou quatrième partie de crocket.

M. Laffon était à la gare de Vincennes; à
Fontenay-sous-Bois nous avons pris Mme Fèvre
et tous ensemble nous sommes arrivés à l'heure
dite à la gare de La Varenne, où nous attendaient M. et Mme Rousseau.

Vous savez que les gares des environs de

Paris sont des maisons communes où chacun va et vient à sa fantaisie. Excepté le dimanche et les jours de fête où la foule est trop grande et souvent trop imprudente, n'étant pas toujours de sens rassis, on est chez soi à la gare; les chefs et les employés sont camarades avec les abonnés et les habitués. Ce régime de liberté ne doit pas être mauvais, car, sur les lignes de banlieue, malgré le perpétuel va-et vient des trains, les accidents sont moins nombreux que partout ailleurs. Les Parisiens tiennent à la vie; ils savent glisser entre les voitures sur les boulevards, entre les wagons sur les voies ferrées.

La Varenne-Saint-Hilaire est une des plus jolies localités de la vallée de la Marne; la rivière a des rives et des îles adorables; de l'autre côté se trouvent les coteaux et les bois de Chennevières; les peintres ont partout des sites délicieux; aussi peintres et canotiers forment-ils la majorité de la population de La Varenne qui s'est triplée depuis dix ans et qui grandit chaque saison; on peut évaluer de 7 à 8.000

le chiffre des habitants, pendant l'été et de 4 à 5.000 toute l'année.

Parfait. Seulement la routine étant toujours souveraine dans l'administration française, La Varenne-Saint-Hilaire est un simple hameau.

Au commencement du siècle une seule agglomération de maisons existait à la partie resserrée de la seconde boucle de la Marne : Saint-Maur-les-Fossés; toute la plaine se composait de terres labourables agrémentées de quelques fermes et dépendait de la commune de Saint-Maur-les-Fossés. Le goût des promenades et du plein air s'est développé ; des stations d'été ont surgi; puis les Parisiens se sont habitués à vivre à la campagne; au delà de Saint-Maur-les-Fossés trois centres importants se sont formés, savoir : le parc Saint-Maur; La Varenne-Saint-Hilaire; La Varenne-Saint-Maur; le chemin de fer les a reliés, excepté le dernier; les habitants ont des intérêts qui nécessitent par leur simultanéité de prompts règlements. Eh bien! aucune des localités nouvelles que je viens d'énumérer n'est constituée en commune; elles dépendent toutes de Saint-Maur-les-Fossés, comme les fermes d'autrefois. Les propriétés ont acquis une grande valeur et passent de main en main; il n'y a pas de notaire à Saint-Maur-les-Fossés. Les deux boucles de la Marne font partie du canton de Charenton, lequel n'a que deux notaires, l'un au chef-lieu l'autre à Nogent-sur-Marne aux deux extrémités. Il est juste d'ajouter qu'au point de vue du notariat, on peut citer des faits bien plus extraordinaires dans la même région des environs de Paris. La ville de Vincennes, qui a 25.000 habitants, n'a qu'un notaire, absolument comme à l'époque de la réorganisation du notariat par la loi du 25 ventôse an XI.

Des changements et des modifications s'imposent; l'on est en droit de se demander ce que font les conseillers généraux de la Seine chargés des intérêts de la banlieue de Paris. Ils font de la politique et préparent leur candidature à la Chambre des députés et au Sénat. Je comprends les ambitions, elles sont les mo-

biles des actions humaines; j'avertis charita-
blement les conseillers généraux ambitieux
que le meilleur moyen de devenir populaire
et de se faire élire, c'est de transformer en
communes les hameaux qui y ont droit et de
les doter de tous les rouages administratifs,
judiciaires et autres, utiles aux habitants.

Ces dernières réflexions sont de moi; les
renseignements précédents m'ont été donnés
par Mme Rousseau qui avait bien voulu accepter
mon bras pendant le court trajet de la gare à
sa maison de l'avenue du Mesnil, une belle
maison très confortable, au milieu d'un grand
jardin, avec écurie, remise, poulailler et tout
ce qui constitue la vie large et riche.

Mme Rousseau est une charmante jeune
femme, gaie, joviale, d'un cœur excellent, en
même temps que d'un caractère sérieux. Fille
de commerçants, elle a le goût du commerce;
elle ne peut pas souffrir l'oisiveté; c'est pourquoi elle a voulu que son mari ne restât pas
inactif.

M. Rousseau a acheté la moitié d'une charge

de facteur aux halles de Paris, pour la volaille
et le gibier ; il a mieux aimé entrer dans une
charge ancienne, connue, ayant une clientèle,
que d'en créer une nouvelle, en quoi il a peut-
être eu tort.

Le factorat aux halles est condamné, comme
tous les privilèges. Autrefois le commerce ne
pouvait se faire que par l'intermédiaire de
courtiers assermentés ; depuis 1860 les courtiers ont été supprimés et le commerce, débarrassé de toutes les entraves, a pris des déve-
loppements énormes. Le factorat n'a pas été
aboli ; l'approvisionnement de Paris a une importance telle que la Ville veut avoir des ga-
ranties ; mais en fait le factorat est libre ; depuis 1878 tout citoyen français de bonnes vie
et mœurs peut s'établir facteur aux halles,
pourvu qu'il verse un cautionnement de
10.000 francs et il est en lutte continuelle avec
les commissionnaires libres. Fort heureusement M. Rousseau est riche ; ses relations sont
très étendues et il a pris à cœur ses fonctions ;
un peu plus tard, à dîner, nous devions nous

convaincre des avantages qu'elles procurent.

Mais nous n'étions qu'au milieu de l'après-
midi; après avoir visité la maison, ce qui est de
tradition, nous sommes descendus à la Marne,
à un demi-kilomètre à peine. Les deux bateaux
de M. Rousseau nous attendaient à l'embarcadère en face de l'Île d'Amour.

Ses deux équipes ont été vite organisées et
sont entrées gaiement en lutte. Je l'ai déjà dit,
le canotage m'est interdit; je suis allé par le
bord de l'eau faire une visite à mes amis
Céalis à Champignolles-Champigny.

Le soleil était lourd, la température acca-
blante; à peine avais-je le courage de me baisser pour cueillir une jolie fleur.

Au retour je n'avais qu'un désir, traverser
la Marne et aller m'asseoir sous les grands arbres de l'autre côté de l'eau, la rive de La Varenne étant unie et en plein soleil.

J'ai déjà eu l'occasion de parler de l'*Écu de
France*, café-restaurant-auberge célèbre dans
la région par son aspect moyennagesque et
surtout par la bonne humeur du patron,

M. Mandar. L'Écu de France est sur la terre ferme, au delà de deux ou trois îles délicieuses abritées par de grands arbres et des fourrés d'oseraies.

Dans l'une de ces îles, qui a le doux nom d'île d'Amour, se trouve un restaurant moins artistique et moins prétentieux que l'Écu de France, mais où les arbres sont très grands et bien feuillus.

Autrefois, paraît-il, ce coin de Marne était fréquenté par les vignerons, propriétaires ou cultivateurs des vignes qui donnent les petits raisins noirs au goût aigrelet et l'affreux picolo qui fait faire la grimace, aux amateurs des vins du midi, les vrais vins, tout en excitant la verve des Parisiens; sur les cartes et dans les diction- naires on l'appelle l'île des vignerons. Les ca- notiers, les flâneurs, les Parisiens parisiennant, lui ont donné son gracieux nom moderniste. Depuis cinquante ans le père Hendeline leur en fait les honneurs.

C'est en face de l'île d'Amour que je me trouvais et j'aurais bien voulu y aborder. Com-

ment faire? Point de bateau. Point de passeur.
Des canotiers allaient et venaient, flânant, à la
descente laissant aller leurs rames au cours
de l'eau, faisant effort à la montée; ils ne re-
gardaient seulement pas le pauvre diable qui
criait à s'égosiller et qui s'épongeait désespé-
rément le front. J'ignorais qu'à deux pas, sur
le bord de la rivière, se dressent deux poteaux
à chacun desquels est attachée une cloche. Le
carillon avertit les bateliers de l'île d'Amour
ou de l'Écu, qui s'empressent d'aller chercher
le client.

J'aurais eu beau crier et faire des pantomi-
mes; la cloche ne tintait pas; on m'aurait laissé ruisseler sous le soleil. Par bonheur un canotier bon garçon a eu pitié de ma détresse et
m'a offert de me faire faire la traversée. C'est
en pleine Marne seulement qu'il m'a donné le
renseignement relatif à la cloche d'appel. On
n'est pas plus aimable; je le prie d'agréer de
nouveau mes remerciements.

Une fois installé à une table, avec des rafraî-
chissements à volonté, j'étais en position d'at-

tendre patiemment mes compagnons. Un journaliste a toujours été quelque peu poète; un poète ne s'ennuie jamais.

Les canotiers, hommes, femmes et enfants, s'étaient bien amusés; ils avaient ramé avec force et persévérance, luttant, comme s'il se fût agi de vraies régates, tant et si bien qu'ils suaient à grosses gouttes lorsqu'ils vinrent se reposer au café-restaurant; il était déjà fort tard et le jour commençait à baisser. Nous ne tardâmes pas à retraverser la Marne et à regagner la maison Rousseau, où s'était rendu le docteur Fèvre, arrivé par le train de six heures et demie.

Jeanne était de fort bonne humeur; elle avait fait partie de l'équipe victorieuse, ce qui est toujours flatteur pour l'amour-propre; elle racontait ses exploits de canotier au docteur; seulement elle avouait confidentiellement qu'elle se mettrait à table avec le plus vif plaisir. Ce que ma grande fille disait avec sa naïve sincérité, tout le monde le pensait, autant qu'il m'en souvienne.

Le dîner se fit quelque peu attendre, et ce qui m'étonna sur le moment, c'est que Mme Rousseau nous quitta sans rien dire. J'eus bientôt l'explication de cette fuite. Mme Rousseau a la spécialité des plats sucrés ; elle était allée confectionner les entremets de son dîner.

Quel dîner ! Gargantua lui-même aurait demandé grâce. Au début, après un melon aux côtes appétissantes, une belle friture de goujons. Par un confrère M. Rousseau avait eu un jambon fumé de dimensions colossales qui reposait sur un lit d'épinards ; parmi ses arrivages personnels il avait choisi une volaille énorme ; entre les deux un filet de bœuf flanqué de truffes et de champignons..... Puis les plats sucrés de la maîtresse de la maison. N'en pouvant plus, nous les goûtons par politesse ; les ayant goûtés, nous les dévorons par gourmandise.

Vraiment c'était trop. La campagne autorise bien des démonstration gastronomiques, mais les forces humaines ont des bornes.

Lorsque, enfin, nous sommes partis, nous avions quelque peine à nous reconnaître ; il est vrai qu'il faisait nuit noire et que La Varenne ne connaît qu'imparfaitement le gaz. Mme Rousseau nous a promis l'électricité pour la prochaine partie.

— Nous n'avons qu'à nous syndiquer entre propriétaires, a-t-elle dit ; si nous réunissons assez d'argent, nous ferons ce que nous voudrons ; nous n'avons ni maire ni conseil municipal pour mettre des bâtons dans les roues.

Au fait, c'est un des côtés de la question des groupes d'habitations isolés que je n'avais pas envisagé ; il a bien son importance et sa valeur Seulement les habitants sont-ils toujours d'accord et, n'y étant pas obligés, participent-ils tous proportionnellement aux frais généraux ?..

DIX-SEPTIÈME JOURNÉE

Dimanche 19 août.

Les Français loin de France. — Les étrangers en France. — Le Sénégal. — Gabriel Biscarrat. — Incident de la dépêche relative à *Galaor*.

Je me suis aperçu, en relisant la relation de la journée d'hier, que j'ai omis un incident d'autant plus intéressant qu'il me permet de toucher à une question vitale pour notre pays.

Mon excuse est qu'il faut avoir une très grande force de résistance contre le sommeil, lorsqu'à la suite d'une journée très bien remplie, comme celle d'hier, on veut en faire le

récit tout de suite, avant de se coucher, sous
l'impression du plaisir éprouvé, afin d'en tracer
autant que possible le tableau exact. Je n'ai
d'autre ambition, je le répète, que de laisser
à ma femme, à mes enfants, à mes amis, le
souvenir de trois semaines passées à la porte
de Paris, sans plus s'occuper de la Ville-Lu-
mière que si elle n'existait pas, allant à l'aventure, aussi libre que dans les forêts des Alpes
ou des Pyrénées, et même plus indépendants ;
car nous avons renoncé à notre personnalité,
sauf dans les rares circonstances où nous
redevenons des êtres civilisés pour faire des
visites, assister à des dîners priés, admirer
des merveilles industrielles.

Hier, grâce à l'accueil bon enfant de M. et
Mme Rousseau, nous avons fait une véritable
partie de Marne. Je l'ai racontée aussi bien
que j'ai pu ; ce que j'ai négligé, à bout de
forces et succombant au sommeil, je vais le
dire en le raccordant à ce qui s'est passé aujourd'hui ; la corrélation est toute naturelle,
comme on va le voir.

Il s'agit de l'expatriation des Français, soit dans les Colonies et pays de protectorat, soit dans les pays étrangers et de l'adduction des étrangers en France.

Au dîner, parmi les convives de M. Rousseau, se trouvait M. Lemercier, officier de l'intendance de la marine, qui a fait plusieurs fois le tour du monde et qui, en dernier lieu, revenait du Sénégal.

Naturellement le docteur Fèvre l'a accaparé, lui demandant des renseignements sur l'Indo-Chine, sur le climat, les habitants, la situation des fonctionnaires, comme il espère toujours que son fils Marc reviendra en France :

— Permettez-moi de vous poser une question, dit-il. Croyez-vous qu'un jeune homme, lorsqu'il a fait ses preuves d'intelligence et d'aptitudes administratives, soit désireux d'avancer sur place et devienne volontiers un fonctionnaire colonial?

— Il ne demande que cela. Pourquoi voulez-vous qu'il revienne en France? Presque

toujours il est parti après avoir fait des fredaines et lorsque ses parents lui ont coupé
les vivres. La traversée a commencé à le calmer; la vie forcément contemplative l'a transformé; il a appris à se suffire à lui-même;
pour peu qu'on lui tende la perche, il devient
un homme nouveau; sa nouvelle patrie, soit
regret du passé, soit espérance en l'avenir,
lui est plus chère que l'ancienne.

— Ah!...

— Cela se comprend très bien. Sa personnalité s'est faite et affirmée sans influence
et d'elle-même; il aime avec un égoïsme passionné l'être inédit qu'il découvre en lui.

— Cependant, insista le docteur Fèvre,
lorsque le jeune homme a renoncé à ce que
vous appelez ses fredaines, et qu'il a fait la
paix avec ses parents, il me semble qu'il doit
vouloir rentrer en France et reprendre sa
place dans sa famille, dans son monde.

— Erreur. Il s'est créé un monde à lui; il
est maître; il domine; les nécessités sociales
ne l'oppriment pas.

M. Lemercier ignorait la situation particulière du docteur Fèvre et de son fils ; il plaidait avec conviction la cause de la civilisation, affirmant que les Français, que l'on représente comme des casaniers, sans aptitudes coloniales, réfractaires aux grandes aventures, sont au contraire des initiateurs en cela comme en toutes choses.

Après avoir rappelé les grands explorateurs et organisateurs de ces dernières années, les Paul Bert, les de Brazza, les Rolland, les Brau de Saint-Paul-Lias et tant d'autres, M. Lemercier conclut ainsi :

— Je n'ai qu'un regret, c'est que mes fonctions m'obligent à de continuels voyages et m'empêchent de me fixer n'importe dans quelle colonie ou quel pays de protectorat, fût-ce au milieu des nègres, au Sénégal, d'où j'arrive.

Et il nous montra une série de photographies prises sur nature : portraits de chefs, groupes de famille, huttes, paysages, etc. J'avoue très sincèrement que tout cela, êtres et choses, ne me paraissait pas enviable. Les habitants, noirs comme de l'ébène, les hommes fortement charpentés, mais d'un aspect bestial, les femmes déformées à partir de la quinzième année.

M. Lemercier faisait parade d'un tel enthousiasme que je me demandais s'il se moquait de nous. Je n'ai pas besoin d'ajouter que les dames et les jeunes filles étaient au salon; elles ne pouvaient voir les photographies que d'ailleurs nous n'aurions pas laissé exhiber devant elles. Avant d'entreprendre une discussion contradictoire et en bonne règle, je tentai une expérience :

— Il faut avoir le diable au corps, dis-je, pour se fixer au Sénégal et, sans doute, si l'on vous prenait au mot, vous demanderiez à réfléchir. Lorsque, par devoir militaire, on a fait un séjour prolongé dans nos possessions atlantiques de l'Afrique, on n'a qu'un désir, celui de rentrer en France. Un des fils d'un de mes compatriotes et parents a servi dans les spahis sénégalais; il s'est même distingué pendant un engagement des plus graves, Gabriel Biscarrat.

— Biscarrat!... Le sous-officier qui a été mis à l'ordre du jour de l'armée à la suite du combat de Dekeelé, du 27 octobre 1887, lequel pacifia le Cayor?

— Celui-là même.

— Et vous croyez qu'il a quitté le Sénégal après sa libération ?

— Je le crois. Son frère aîné, médecin à Paris, m'a affirmé qu'il se chargeait de lui trouver une position.

— Il l'a trouvée tout seul sa position, au Sénégal. Il est commissaire de police à Dakar et je vous assure qu'il ne pense nullement à revenir en France. Je l'ai vu, il y a deux mois à peine. C'est un grand gaillard, vigoureux, énergique, bon et patient le plus souvent, sans pitié quand il le faut, un vrai Sénégalien par assimilation.

— Vous croyez qu'il ne reviendra jamais en France?

— S'il y revient, ce ne sera pas pour longtemps. La France lui paraîtra trop petite, étriquée par la civilisation; il se fera l'effet d'un cheval de manège tournant toujours dans le même cercle.

— Vous avez peut-être raison, dit le docteur Fèvre, et il raconta à M. Lemercier l'hisroire de son fils Marc, histoire que l'on connaît déjà.

Toute question personnelle à part, je crois, en effet, que les Français se familiarisent de plus en plus avec la vie loin de France, dans les colonies ou à l'étranger. C'est une nécessité qui s'impose de jour en jour, les machines remplaçant le travail humain, les postes intellectuels étant de plus en plus recherchés, à mesure que l'instruction primaire et secondaire s'universalise.

Les plus hardis et les mieux avisés ont pris les devants; ils sont revenus faire de la propagande quelquefois intéressée, le plus souvent sincère, car ils retournent dans leur pays d'adoption; il s'est donc établi un grand courant, vers l'Algérie surtout, devenue une seconde France, vers la Tunisie et depuis quelques années vers l'Indo-Chine. C'est un bienfait, à mon avis, à la condition que le gouvernement établisse un centre d'information et de renseignements d'une exactitude absolue, et aussi qu'il empêche les recruteurs de certains pays de l'Amérique du Sud de faire des dupes...

Mais, pardon, je ne fais pas un traité spécial. J'arrive au rapprochement que j'ai promis.

De même que nous allons hors de France vivre plus librement ou plus confortablement, de même les étrangers viennent chez nous; il y en a de deux catégories : ou bien ce sont des ouvriers — principalement Allemands ou Italiens — qui font les gros ouvrages à bas prix; ou bien ce sont des hommes de grande valeur qui espèrent trouver en France plus de facilités pour les spéculations audacieuses, plus de libertés pour l'exercice de leur art ou de leur profession.

Paris est particulièrement accueillant pour

les étrangers; pour peu qu'ils aient de l'aplomb, de la confiance en soi et qu'ils sachent user de recommandations plus ou moins vraies, ils ouvrent leurs salons, jettent de la poudre aux yeux, font célébrer dans les journaux mondains leur opulence, leur luxe, leur goût; Paris est un grand enfant qui croit tout ce qu'on lui dit, qui se laisse prendre à tout ce qui brille, même et surtout quand c'est du clinquant, parce qu'il y en a davantage; mais Paris est aussi un insatiable engloutisseur d'insolents qui n'ont pas su s'imposer à la Fortune et continuer à mener grand train. Dans ce cas, tant pis pour qui a fait crédit!...

Plus difficile est à établir la réputation d'un savant attiré par les mœurs libérales de la France.

Nous avions à Paris, rue de Châteaudun, pour voisin porte à porte, un médecin russe, M. le docteur Blechmann qu'une maladie accidentelle nous a fait connaître.

M. le docteur Blechmann a eu le courage, parlant très difficilement le français, de passer ses examens de doctorat devant la faculté de Paris et de soutenir sa thèse. Avec un zèle et un dévouement que rien n'amortit, il se prodigue dans les quartiers Lafayette, Drouot, Faubourg-Montmartre; très sûr dans ses diagnostics, très simple dans ses médications, plus volontiers hygiéniste que droguiste, il fait peu à peu son chemin et agrandit sa clientèle; j'en suis très heureux parce qu'il est compétent, attentif, modeste et discret.

Désireux de lui prouver notre affection, en plus de notre reconnaissance, nous l'avons prié de venir passer l'après-midi et la soirée avec nous, en compagnie de Mme Blechmann et de leur fils Germain, un gamin de cinq à six ans, intelligent, déluré et que Madeleine aime beaucoup.

Nous avons passé l'après-midi dans les bois; les enfants jouaient au cerceau, nous nous promenions et nous bavardions.

Mme Blechmann était radieuse; cette belle végétation, ces allées ombreuses, l'eau transparente du lac sillonné par les bateaux, le murmure des ruisseaux lui arrachaient des cris d'admiration. Ce qui l'enthousiasmait surtout, c'était de voir tout ce monde jouir du bois de Vincennes comme si c'eût été la propriété de chacun des promeneurs. Ces mœurs sont si différentes de celles de la Russie!

Je n'ai eu garde, on le comprend, de ne pas lui faire faire une promenade en bateau; à un moment où notre ami Fauchard, patron de la *Mouette*, était libre, les dames et les enfants ont embarqué; nous avons fait à pied le tour du lac le docteur et moi.

Le dimanche il y a toujours foule, bruit, cris, tapage; on s'y habitue; nous sommes arrivés sans fatigue à l'heure du dîner; nous étions même quelque peu en retard en entrant à la maison.

Un incident à noter. Au milieu du dîner, un gamin porteur de dépêches sonne à la grille. Quand je suis au journal, dans l'exercice de ma profession, une dépêche ne me cause ni surprise ni émoi; nous en recevons une centaine par jour. Dans la vie ordinaire, je n'ai pas encore pu me défendre d'une appréhension ; je ne suis pas le seul, les personnes sincères en conviendront. Je connais des gens qui poussent ce sentiment jusqu'à ne pas oser décacheter une dépêche, ce qui n'est pas raisonnable ; cette abstention n'empêche pas l'événement malheureux — ou heureux — d'être une réalité. Donc je décachète le pli de papier bleu, et je lis :

DEAUVILLE. — *Galaor*, grand prix. — LAFFON.

J'avoue que sur le moment je ne comprenais pas. Henri qui, je le crains, s'intéressera aux courses de chevaux, — pourvu qu'il ne devienne pas un passionné et surtout qu'il ne parie pas ! — dit avec un grand sang-froid.

— C'est M. Laffon qui, ayant pronostiqué juste, — il a dit « pronostiqué » le petit sportman, nous aurions dit « deviné » nous autres profanes — tient sa promesse de jeudi. M. Colet va être bien content ! Il a pris *Galaor*, premier.

— Tu vas aller porter cette dépêche à M. Colet.

Oui j'ai eu la faiblesse d'envoyer Henri remplir cette mission sportive. Que voulez-vous? Il faut bien être aimable avec ses voisins.

J'ajoute que j'en ai été pour ma complaisance. M. Colet avait reçu la même dépêche.

Les courses provoquent un terrible entraînement; je suis obligé d'en convenir.

DIX-HUITIÈME JOURNÉE

Lundi 20 août.

**Triple élection du général Boulanger. — La tour Eiffel.
— Les fleurs des champs. — Déjeuner et dîner en ville.**

Je m'étais promis de me désintéresser des
questions d'actualité et surtout des questions
politiques. Mais comment oublier que le général Boulanger était candidat dans les trois départements qui avaient à élire des députés le
19 août?

Le général Boulanger est une force; il est
l'opposition; personnellement il a de la
chance; dans son duel avec M. Floquet, il

18.

fut blessé au cou ; l'épée passa à un milli-
mètre de l'artère carotide et le général en fut
quitte pour quelques jours de lit; ce qui
rendrait tout autre ridicule tourne à son
profit...

Que veut-il ? C'est à peine s'il en fait mystère. Il veut être président de la République
et confisquer à son profit toutes les libertés.
Que tous les partis réactionnaires feignent de
croire à ses réticences, voient dans ses manœuvres des atteintes portées à la République
et le soutiennent, cela se comprend, mais il se
trouve des républicains pour l'acclamer ; et ce
qui est plus extraordinaire, c'est que les ennemis politiques se donnent la main pour faire
le jeu du général Boulanger.

Jusqu'à quel point cette alliance ira-t-elle ?

L'élection d'hier devait nous le dire ; c'est
pourquoi je suis allé chercher les journaux
dès la première heure.

Le général Boulanger est élu dans les trois
départements avec d'énormes majorités :

Nord . . . . Majorité. 44.000 voix.
Somme . . . .   —   35.000 —
Charente-Inférieure   —   15.000 —

J'ai été douloureusement affecté en apprenant ce résultat. Je n'ai jamais eu confiance en ce soldat révolté, paradeur, flagorneur, flattant toutes les passions, recevant l'argent de toutes mains, s'entourant d'ambitieux dévoyés, prêts à tout. Journaliste, il m'a fallu enregistrer ses succès pour lesquels l'embauchage des camelots largement pratiqué n'était pas inutile, au contraire; les succès, les triomphes même sont des faits qu'il serait absurde de nier ou de ne pas constater.

Tout le monde sait aujourd'hui que le général Boulanger a été inventé par M. Thiébaud, ancien journaliste en province, metteur en scène des plus habiles, qui a organisé les voyages, les réceptions, les banquets et qui sans doute a rédigé les discours dans lesquels le général se tient comme un équilibriste sur la corde raide de la politique ; jamais il ne se

prononce nettement, énergiquement, coura-
geusement.

Voilà pourquoi l'immense popularité du
mystérieux agitateur m'inquiète.

J'aurais voulu que ce petit livre ne portât
point trace de préoccupations, mais le général
Boulanger représente une trop grande actualité pour que je n'en ai pas dit quelques
mots ; et ce livre paraissant une année après
avoir été écrit, je complète l'exception actua-
liste. Le général Boulanger a été élu député
de Paris le 27 janvier 1889, ce qui a provoqué une très forte agitation de propagande.

A l'avènement du ministère Tirard-Cons-
tans-Rouvier, le gouvernement a mis un terme
ou tout au moins une entrave à la campagne
révisionniste. Le général Boulanger a été dé-
crété d'accusation, ainsi que son ami le comte
Dillon, et le directeur de l'*Intransigeant*,
M. Henri Rochefort ; avertis à temps, ils sont
partis pour Bruxelles où le gouvernement
belge n'a pas toléré leur présence ; ils se
sont ensuite réfugiés à Londres. Le Sénat

transformé en Cour de justice attend que l'instruction, confiée à une commission de neuf membres présidée par M. Merlin, soit terminée pour prononcer son verdict.

Le dernier mot sera dit par les électeurs qui auront, au mois d'octobre prochain, à renouveler la Chambre des députés de 1885.

Tout dépendra de ce qu'aura donné la merveilleuse Exposition universelle. Les premiers mois, malgré une température variable, ont été très beaux.

Ceci est la continuation de mon échappée historique faite après coup. Mais je crois avoir droit à ne pas me taire.

De même que je devais noter la triple élection du général Boulanger qui a compté dans la dix-huitième journée de mon congé, de même j'aurais été amené à parler aujourd'hui de l'Exposition du Centenaire.

Nous devions, en effet, aller déjeuner à Champignolles chez les Céalis ; j'avais laissé à la maison Henri qui viendrait en chemin de fer avec sa mère ; Jeanne, Madeleine et moi nous

avons fait le chemin à pied en suivant la grande
et belle route qui, après la traversée du bois,
va de Joinville à Champigny.

Nous étions arrivés aux dernières maisons
de cette route-avenue sans avoir remarqué
rien d'extraordinaire, lorsque nous avons vu
une tour Eiffel qu'un amateur s'était amusé à
imiter avec de l'argile.

Bien qu'on ait, à l'occasion de la tour Eiffel,
écrit des articles et tracé des cartes en telles
quantités qu'on en formerait des milliers do
volumes, on me permettra de dire que c'est
la réalisation heureuse d'un plan très audacieux, on peut même le qualifier de téméraire.

Il fallait réussir sous peine de compromettre
l'Exposition du Centenaire de la Révolution,
exposition qui est pour la France libre et éga-
litaire une consécration définitive.

Vous figurez-vous la tour Eiffel, cette tour
de 300 mètres, d'une altitude telle que les monuments les plus élevés sont des pygmées à
côté d'elle, vous la figurez-vous s'écroulant
avant d'être terminée, ou bien, une fois, finie

oscillant sur ses bases et donnant aux curieux les nausées du mal de mer? C'eût été un désastre pour M. Eiffel et pour l'Exposition.

Beaucoup de gens avaient peur ; M. Eiffel restait calme et ne se laissait pas influencer ; les travaux continuaient avec une parfaite régularité ; la tour a été terminée bien avant l'ouverture de l'Exposition et elle est aussi solide qu'elle paraît légère. Grâce au système des tiges de fer formant croisillon entre lesquelles jouent l'air et le jour, cet immense amoncellement métallique paraît svelte et fragile. A cent mètres d'éloignement on se dit : « Ce n'est que ça ! » Quand on est dessous, on se rend compte de l'énormité du monument établi sur des bases colossales qui donnent aux spectateurs des galeries supérieures toute sécurité. De là-haut, l'impression d'immensité grandit à mesure que l'on monte. C'est plus émotionnant que du sommet d'une montagne, même d'une montagne à pic. On se sent plus seul, plus petit, plus atome.

L'Exposition de 1889 est la plus belle de toutes celles qui ont existé; elle est complète au point de vue industriel; elle est d'une grande simplicité. au point de vue du classement; elle est grandiose comme effet. Puisque je suis en veine de confidences et de confessions, qu'il me soit permis de dire qu'à tout cela j'ai quelque peu participé; c'est moi qui ai lancé l'idée de l'Exposition du Centenaire dans le *Petit Journal*; c'est dans le *Petit Journal* que nous avons combattu pour avoir des commissaires généraux gens du métier, sans compromissions politiques et autres; c'est grâce à la polémique du *Petit Journal* que l'organisation de l'Exposition du Centenaire a été confiée à MM. Berger et Alphand.

Ces appréciations, ces commentaires, ces souvenirs, sans être tout à fait du domaine d'une jeune fille, ont beaucoup intéressé Jeanne et nous avons fait la route posément pendant que sa petite sœur courait selon son habitude.

Malgré les arrêts qu'impose une promenade-causerie, nous sommes arrivés trop tôt à Cham-

pignolles; les demoiselles Céalis seules étaient
à la maison. Il est impoli et même inconvenant
d'aller le matin dans une maison où se trouvent
des dames seules; j'ai envoyé mes filles annoncer notre arrivée et j'ai employé les trois quarts
d'heure d'attente à faire un bouquet de fleurs
des champs, un vrai bouquet.

Comme le déjeuner-dînatoire était prié, j'é-
tais venu en redingote, vêtement qui impose
une tenue correcte. Les pluies continuelles des
jours précédents avaient fortement amorti la
poussière de la route, je ne m'étais pas crotté;
nous avions marché lentement, de telle sorte
que je n'étais pas en moiteur; mais la chasse
aux fleurs des champs aurait pu compromettre
la rectitude de ma toilette. Je n'ai pas hésité.
J'ai mis ma redingote et mon chapeau dans un
coin d'un champ en jachère et je me suis mis
à la recherche des plus belles fleurs. Mon bouquet n'était vraiment pas mal — amour-propre
de maniaque satisfait, — la preuve, c'est que
les demoiselles Céalis lui ont fait l'honneur du
milieu de la table. — Vous dites qu'elles

ont flatté ma manie ? — Qu'en savez-vous ?

Toujours est-il que nous avons fait grandement honneur au repas ; le train arrivant de Paris avait amené en plus de Messieurs Céalis, M. Aubry, associé de la maison, un charmant homme, très intelligent et très obligeant.

Les déjeuners-dinatoires de Champignolles sont toujours d'une extrême abondance ; j'avais beau dire que nous devions dîner le soir à Fontenay-sous-Bois, chez le docteur Fèvre, où il faut toujours avoir de bonnes dispositions, on ne voulait rien entendre ; il fallait manger et boire, boire et manger.

Le soir, nous avons fait comme nous avons pu ; mais je dois avouer que si Rabelais est sincère, s'il n'exagère pas, les capacités gastronomiques ont fortement diminué depuis le seizième siècle.

DIX-NEUVIÈME JOURNÉE

Le docteur Delthil. — L'usine d'air comprimé à la Maltournée. — Chef Charlemagne. — Déjeuner de Gargantua. — Noisiel. — 40,000 kil. de chocolat par jour. — Le chemin de fer particulier.

Partie de Noisiel avec la famille Flammarion. Très intéressante et mouvementée. Donc point de préambule.

J'avais reçu des réponses favorables de Messieurs Menier et du directeur de l'usine de Noisiel ; les Flammarion en avaient été avertis et nous avions pris rendez-vous au point de départ du tramway nogentais à Vincennes pour le train partant à neuf heures vingt-sept minutes du matin. Nous étions tous exacts, mais fallait-il partir? Le temps était très incertain; il ne pleuvait pas précisément, mais il bruinait; une sorte de brouillard humide et triste étendait sur l'horizon un voile grisâtre.

Faire par la pluie une longue campagne composée d'un déjeuner en plein air, d'une course en plein champ et de la visite d'une immense usine, cela n'a rien d'attrayant, surtout avec des enfants. Par contre y renoncer, peut-être pour toujours, car nul ne peut répondre de l'avenir, et cela sans avoir une certitude absolue de pluie persistante, c'eût été manquer de courage.

Après avoir hésité jusqu'au moment du départ du train, nous montons en voiture; avec les enfants je grimpe sur l'impériale; excellente inspiration; le temps s'est raffermi; sans avoir joui d'une belle journée, nous n'avons pas été trempés.

Dès le début, des incidents se sont produits. Nous avions admiré les multiples points de vue de la traversée du bois; puis nous avions suivi la grande rue de Nogent-sur-Marne jusqu'à la place de la nouvelle mairie construite évidemment en prévision d'une continuelle augmentation de population ; nous descendions la côte, lorsque j'ai vu le docteur Delthil dans sa voiture découverte, faisant sa tournée de médecin. Je l'ai salué du haut de l'impériale, sans savoir au juste s'il me reconnaîtrait ; à son geste j'ai compris qu'il m'avait parfaitement reconnu ; vous allez en avoir la preuve.

Après avoir passé sous une des voûtes du viaduc, le tramway nogentais, je l'ai déjà dit, traverse la commune du Perreux et oblique du côté de Neuilly. Avant d'arriver à cette localité, le tramway s'arrête à l'usine de la Maltournée. C'est là que se fabrique l'air comprimé ; les voyageurs changent de wagon pour aller à Ville-Évrard.

Nous descendions, comme les autres voyageurs ; un monsieur s'approche de moi et la conversation s'engage :

— Monsieur Escoffier, me reconnaissez-vous ?

19.

— Parfaitement ; monsieur l'ingénieur Broca, directeur de l'usine à air comprimé. J'ai eu le plaisir de suivre votre démonstration au moment de l'inauguration de la ligne. Malheureusement, si j'admire le résultat, je ne comprends rien au système.

— Je vais essayer de vous le faire comprendre.

— Nous n'avons pas le temps, nous allons à Ville-Évrard.

— Un wagon spécial vous y conduira.

— Mais, monsieur...

— Tenez, allez répondre au téléphone à M. Delthil.

Oui, le téléphone, ce merveilleux moyen de communication instantanée à grande distance est installé dans ces plaines de la vallée de la Marne qui ne sont pas encore peuplées comme le sont les localités de la grande boucle, depuis Nogent jusqu'à La Varenne.

Nous avons quelque peu bavardé par le téléphone avec le docteur Delthil qui est enchanté des résultats de son entreprise ; il se prépare à créer des lignes nouvelles dès qu'une autre usine d'air comprimé sera établie à Vincennes même. (Le tout existe actuellement).

C'est lui qui avait prévenu M. Broca de notre arrivée, le priant de se mettre à ma disposition ainsi que des personnes qui se trouvaient avec moi, le priant surtout de nous faire visiter l'usine et de nous conduire à Ville-Évrard, si, comme il le pensait, nous y allions.

Après avoir remercié M. Delthil, je suis allé retrouver tout mon monde à qui M. Broca faisait une conférence sur l'air comprimé, le tramway nogentais et les avantages de ce nouveau mode de locomotion.

Pendant que nous visitions l'usine où les pistons jouent avec la régularité des touches d'un immense piano, on préparait pour nous un wagon. M. Flammarion a suivi les explications de M. Broca en homme entendu. Tout ce que je comprends, c'est qu'il y a un très grand avantage industriel à se servir d'air comprimé comme moteur. La matière première ne coûte rien ; l'air accumulé dans un petit espace

a une grande puissance d'impulsion. Il s'agis-
sait seulement de trouver le système de com-
pression économique et de régler l'expansion
de l'air comprimé. C'est ce que l'on a fait pour
la première fois à Nantes. M. Delthil a appli-
qué ce système dans une région dépourvue de
moyens de transport ; il rend des services
égaux à ceux des chemins de fer ; il est devenu
personnellement très populaire et la compagnie
du tramway nogentais gagne beaucoup d'argent. Avant dix ans la partie de la banlieue de
Paris que le tramway dessert se sera trans-
formée.

M. Broca nous a conduits jusqu'à Ville-
Évrard ; il a complaisamment continué et
complété ses explications en montrant le jeu
de la chaudière froide.

Quand on donne pleine liberté à l'air comprimé, le moteur a une force qui permet de
gravir la montée de Nogent ; quand on tourne
la manivelle dans le sens contraire, l'impulsion
est plus ou moins forte suivant que l'échappe-
ment de l'air est plus ou moins grand ; enfin

lorsque la fermeture est complète, immobilité absolue, sans crainte d'explosion. Aux descentes, comme celles de Nogent, aller et retour, le wagon fait son parcours par la force acquise et sans déperdition d'air comprimé.

Pourra-t-on quelque jour se servir d'air comprimé pour les grands trains de chemin de fer? Pourquoi pas, si l'on parvient à emmagasiner dans un espace restreint des forces impulsives énormes. Rien n'est impossible à la science moderne; les modestes tramways de Nantes et de Vincennes sont peut-être les précurseurs d'une révolution industrielle pour l'époque où le charbon sera devenu rare.

En attendant nous avons fait en un quart d'heure le trajet de la Maltournée à Ville-Evrard. Après échange de remerciements et compliments, nous avons quitté M. Broca pour aller déjeuner chez Charlemagne, pêcheur-restaurateur.

Il faut une petite demi-heure pour y aller; on sait déjà que le restaurant est après le pont du canal. Nous avions grand'faim et je croyais

le déjeuner prêt, car j'avais écrit à M. Charlemagne. Mais le patron du restaurant-auberge
fit l'étonné. Avec sa mine futée de normand,
il passait l'inspection de ses clients.

— Je n'ai pas reçu de lettre, dit-il, je vous
l'assure, demandez à ma femme... Sans cela
vous pensez bien que le déjeuner serait prêt.

— Voyons, voyons, les lettres arrivent toujours aujourd'hui; dites que vous ne nous
attendiez pas, le temps est incertain, et j'avais
écrit « excepté en cas de pluie. »

— Je n'ai pas reçu votre lettre, parole; il y
a plusieurs Gournay et...

— Enfin!... Avez-vous de quoi nous faire
déjeuner rapidement. Nous sommes dix.

— Tout ce que vous voudrez.

— Avez-vous des goujons?

— Non; il faut les commander d'avance,
mais je puis vous donner une friture délicieuse;
je l'ai pêchée ce matin; ici nous sommes en
haute Marne; ce n'est pas comme à Nogent ou
à Joinville.

Nous nous étions mis d'accord sur le menu,

lorsque la femme Charlemagne, qui avait pris part à la conversation, dit :

— Vous prendrez bien une matelotte. Les matelottes du père Charlemagne sont renommées à dix lieues à la ronde.

— C'est que l'anguille est lourde à digérer.

— Rien qu'une petite pour y goûter.

— Va pour une petite matelotte.

Il nous fut bientôt possible de nous mettre à table, dans un bosquet formé par des arbres, sur une large table recouverte de linge grossier mais très blanc ; je crois bien que les chaises étaient remplacées par des bancs, mais bah !...

Enfin le père Charlemagne apparut avec une énorme omelette au lard sur laquelle nous nous jetâmes comme des gloutons tout en l'agrémentant de hors-d'œuvre.

Tout autour de nous gloussaient des poules au milieu desquelles trônait un coq magnifique portant haut la tête et faisant largesses à ses favorites. Je dois dire que nous avons d'abord pensé à nous, puis la fringale passée, nous nous sommes amusés à donner à manger aux poules. Rien de plus divertissant que de suivre les manœuvres du coq lorsqu'on lui tendait un morceau de pain. Il daignait le prendre du bout du bec; les poules, qui se gardaient bien de lui offrir leur pâture, accouraient auprès de lui et s'efforçaient par toutes sortes de cajoleries d'attirer son attention. Le coq acceptait toutes les caresses, toutes les œillades, mais il tenait le morceau de pain hors d'atteinte; quand il avait fait son choix, il appelait la préférée du moment et lui donnait la becquée. Vingt fois il a recommencé le même manège et chaque fois il a fait largesse à une poule différente. N'est-ce pas ce qui se passe souvent chez les hommes et les femmes, avec l'hypocrisie en plus?...

Les plats vont vite chez Charlemagne. Nous n'avons pas pu finir l'omelette au lard, bien que tout le monde en ait pris deux fois. La patronne a apporté sa petite matelotte; il n'y en a eu qu'un morceau pour chacun; une autre fois je commanderai une matelotte copieuse, car celle-ci était parfaite.

Voici venir la friture plus abondante encore que n'était l'omelette ; friture d'une fraîcheur et d'un goût exquis. Cent fois meilleure que celle de Nogent. Nous avons mangé et mangé des tanches, des ablettes, des barbillons, des perches, il y en avait toujours ; force nous a été de renoncer à finir le plat et de retourner à nos poules et à notre coq.

Un incident bizarre a détourné un instant notre attention. Sur le chemin qui va au pont du canal de Chelles un cri retentit : « Voilà le plaisir, mesdames ! », et nous entendons le clic-clac du marchand de gaufrettes.

Que pouvait faire là cet homme, un mardi, un jour où les rares touristes sont peu disposés à jouer à ce minuscule jeu du hasard. Il comptait si peu sur des clients qu'il n'a pas répondu à l'appel des enfants.

Au fait, que faisait au viaduc de Nogent le guitariste qui a rendu joyeux notre déjeuner chez Bonhoure ?

Nous avions commandé encore une entrecôte avec des haricots flageolets proposés par Charlemagne ; tout cela est venu en telle abondance que nous n'avons pas été capables d'en être maître.

Du fromage pour finir, point d'autres fruits que des amandes, mais très fraîches.

Café et cognac — ou simili-cognac.

Une tache au tableau. Le vin est détestable... pour des méridionaux. Nous avons bu deux bouteilles de picolo, ce petit vin aigrelet des environs de Paris qui nous fait l'effet de mauvaise piquette ; nous avons demandé un autre vin ; le père Charlemagne nous a proposé son « vin supérieur » le seul qu'il possède en plus du picolo ; « le supérieur » est encore plus mauvais ; la bière a fait le bonheur de ceux qui l'aiment, les autres ont bu de l'eau qui a au moins le charme de la fraîcheur.

Cette question du vin a amené le père Charlemagne à nous expliquer son affaire. Son établissement est placé dans une situation excellente, sur la route nationale 34, qui va de Paris en Allemagne, en passant par Vincennes, à l'embranchement de la route de Lagny. Les routes nationales, départementales, d'intérêt commun et autres ont énormément perdu depuis les chemins de fer, mais elles ne sont nullement désertes. Pour le bonheur du père Charlemagne, le Raincy n'est pas loin, et c'est là que se tient le grand marché des bestiaux.

— Et puis, il y a les flâneurs et les passants, ajoute-t-il avec malice. Nous sommes toujours bien approvisionnés pour manger, et du bon. Quant à boire, nous ne sommes pas délicats nous autres.

Midi avait sonné et nous avions vu quelques personnes s'asseoir autour des tables, des marchands de bestiaux évidemment. Je l'ai remarqué, à chaque table, on a demandé une matelotte et Mme Charlemagne, en revenant du vivier, ne manquait pas de nous montrer ses anguilles, dont quelques-unes très grosses, qui se débattaient entre ses mains ; elle tenait à nous convaincre que ses anguilles entraient vivantes dans la casserole.

J'ai eu la pensée de lui recommander d'essayer les anguilles rôties comme celles de la Fontaine de Vaucluse; cela m'aurait entraîné trop loin, et le moment de partir pour Noisiel était arrivé.

Auparavant, il fallait payer l'addition. Je n'étais pas sans inquiétude sur le montant; le petit rire narquois du père Charlemagne, pendant qu'il m'expliquait son commerce, me donnait à réfléchir. Je me trompais. Voici le menu :

Hors d'œuvre.
(Beurre, sardines, saucisson).
Omelette au lard (énorme et excellente).
Petite matelotte.
Friture (énorme et délicieuse).
Entrecôte et flageolets.
Fromage; et amandes.
Café et cognac.
2 bouteilles de picolo, 2 de supérieur, 2 de bière.

Je n'ai pas gardé le détail des chiffres, mais j'ai noté le total. Tout cela pour 25 francs 15 centimes. J'ai donné 27 francs, et la fille qui nous servait était si contente qu'elle grillait de m'embrasser.

Nous nous sommes quittés bons amis avec le père Charlemagne, en partant pour Noisiel où nous sommes allés, en remontant la Marne. Voyage charmant à travers les grasses plaines de la Brie où, la moisson terminée, on rentrait les blés et les avoines.

Bientôt nous arrivons à la clôture du parc des frères Menier ; puis nous voyons sur la colline le château, rendez-vous de chasse où les amis et familiers des trois frères font, pendant la saison, de si belles parties ; enfin nous arrivons au village de Noisiel, lequel se compose d'une seule rue, et dont toutes les maisons aujourd'hui appartiennent à MM. Menier. L'usine est à l'extrémité de cette rue ; au-delà, en face, se trouve la cité ouvrière où les familles d'ouvriers peuvent se loger, presque pour rien, dans une coquette petite maison ayant un jardinet.

Je n'ai pas à faire ici l'historique de cette usine qui servit d'abord à préparer en gros les produits de la droguerie et de la pharmacie, qui est devenue la fabrique de chocalat la plus vaste du monde.

L'inspiration géniale a été d'obtenir un barrage en pleine Marne, c'est-à-dire dans une rivière-fleuve dont les eaux ne baissent que très rarement au point de ne pas mettre les machines en mouvement. Pour ces cas tout à fait exceptionnels, il y a un outillage de moteur à vapeur. Une immense cheminée est à côté de l'usine, mais elle a l'aspect mélancolique d'un appareil inutile.

La chute d'eau de l'usine de Noisiel peut donner une force équivalant à celle de 400 chevaux-vapeur; on n'est pas encore arrivé à l'utiliser complètement, mais on y arrivera sans aucun doute, et avant qu'il soit longtemps, la progression étant constante. En 1885, à l'époque où je fis une étude minutieuse pour un travail qui a paru dans le *Bon Journal*, la fabrication était de 35,000 kilos; elle est de 40,000. (En juin 1889 la fabrication approche de 50,000 kilos par jour.)

La vogue du Chocolat-Menier s'explique très bien. Le public est de jour en jour plus convaincu de l'excellence de cette fabrication qui se fait avec une précision mathématique, et pour laquelle la main humaine n'est employée que lorsqu'elle n'a pas d'inconvénient, pour le tri de la fève de cacao.

Le Chocolat-Menier, je puis l'affirmer pour l'avoir vu plusieurs fois, ne contient que deux ingrédients : le cacao et le sucre. Nous avons suivi toutes les phases de la fabrication ; il est de toute impossibilité, tout se passant au grand jour, qu'on puisse mettre autre chose.

Il faut deux heures environ pour voir depuis le commencement jusqu'à la fin ; et d'abord les immenses salles du rez-de-chaussée, où des femmes trient les fèves de cacao, enlèvent les pierres, les fèves creuses, etc. Ce premier travail est vérifié et contrôlé par une autre équipe.

Le cacao, débarrassé de toutes les scories, est monté au premier étage par des treuils en courroies et à godets. Alors commence la trituration des fèves, puis le malaxage, ensuite le mélange avec le sucre.

Lorsque le chocolat est arrivé à un état onctueux d'un mélange parfait, il s'agit de le solidifier et enfin de le mettre en tablettes. C'est le côté le plus intéressant, je dirai même le plus amusant de la fabrication.

Ayant passé par une série de températures de plus en plus basses, le chocolat est mis dans des moules à six creux, pour six bâtons; afin que la solidification se fasse très exactement, ces moules réunis sur une immense plaque de fer sursautent continuellement, jusqu'à ce que toutes les petites cloques se soient crevées et que tous les bâtons aient acquis leur forme définitive. A ce moment la plaque aux moules est entraînée par une lanière sans fin, à mailles métalliques, qui la fait passer sous une voûte dont la température est à 0 degré. Les visiteurs suivent cette opération en passant dans un couloir où l'on n'a pas chaud, je vous assure; mais on oublie vite cette sensation de froid, lorsqu'on voit le carré des tablettes fermes, résistantes, que des femmes prennent pour les envelopper dans la feuille de plomb; elles les accouplent et les revêtent de la feuille de papier jaune, que tout le monde connaît.

Le travail d'enveloppement, de mise des prospectus, de cachetage, se fait avec une rapidité vertigineuse. J'ai vu des femmes dont les doigts vont tout seuls sans jamais commettre d'erreur; elles répondent à une question sans s'arrêter un quart de seconde. J'étais honteux d'avoir demandé au très aimable employé qui nous guidait de me faire donner une explication.

D'ailleurs, et c'est la caractéristique de l'usine Menier; il y a à Noisiel douze cents personnes occupées, hommes et femmes; partout, vous les verrez les uns et les autres attentifs à ce qu'ils font, avec le calme satisfait d'un travailleur qui gagne sa vie, et dont le patron se préoccupe pour l'avenir.

A ce point de vue Noisiel est à donner en

exemple, ce que j'ai fait quant à moi toutes les fois que j'en ai trouvé l'occasion.

Pour terminer notre journée, nous sommes allés remercier le directeur de l'usine et nous avons mis avec grand plaisir un mot sur le registre que l'on présente aux visiteurs. J'ai écrit :

« En 1885 j'ai dit, c'est magnifique; le 21 août 1888 je dis, c'est merveilleux. »

Voici l'attestation de M. Flammarion :

« Hommage à une des merveilles de l'industrie moderne. »

A notre visite d'arrivée, le directeur nous avait prévenus que nous serions conduits par train spécial à la gare d'Emerainville, ligne de Mulhouse, pour le train de 5 heures et demie qui nous laisserait à la station de Nogent.

Les propriétés de MM. Menier s'étendent jusqu'à la gare d'Emerainville; ils n'ont eu qu'à établir une ligne pour leur trafic industriel et commercial; ils ont pour leur service personnel un wagon-salon de grand luxe ; un wagon de première classe est réservé à leurs invités. J'ai été très heureux, surtout pour les dames et les enfants, de n'avoir pas à retourner à pied à Ville-Évrard ; nous étions exténués par toutes les courses de la journée et par la visite de l'usine, que les dames n'avaient pu poursuivre jusqu'au bout.

Le chemin de fer de famille a fait disparaître toutes les difficultés. A Nogent-Mulhouse nous avons attendu le tramway. Pour le prendre à dix, il a fallu toute l'obligeance des voyageurs de cette ligne où tout le monde met de la bonne volonté. L'intérieur compte vingt places, nous étions *vingt-sept !* Le docteur Delthil, qui avait été averti par M. Broca de notre visite à Noisiel et sachant que nous reviendrions par la voie que j'ai indiquée, était venu nous attendre au tramway ; il s'était posté comme il avait pu avec le conducteur ; après la montée de Nogent seulement plusieurs voyageurs sont descendus et il a pu venir nous rejoindre.

— Pourquoi ces drapeaux à vos wagons, lui ai-je demandé à un moment de notre conversation ?

— Nous fêtons l'anniversaire de l'inauguration de la ligne.

— C'est un petit événement cela, j'enverrai une note au journal.

Nous arrivions à Vincennes et j'ai souhaité au docteur Delthil continuation de sa bonne chance.

En résumé la journée avait été bonne, fatigante mais bonne.

Jeanne était enchantée ; avec toutes sortes de câlineries elle s'excusait de sa mauvaise humeur du début de mon congé ; je lui ai volontiers donné le baiser de paix.

Au fond, il y avait un peu d'orgueil pour les gracieusetés faites à son père ; il était de mon devoir de l'avertir que ma situation était pour beaucoup dans tout cela.

— Ne vas pas trop loin dans l'enthousiasme, ma chère enfant, lui ai-je dit ; n'oublie pas que ton père est journaliste et que c'est surtout au journaliste que l'on fait honneur.

Pour être journaliste on n'en est pas moins homme; la fatigue m'opprimait autant que mes compagnons de route. M. et Mme Flammarion ont refusé de venir se reposer et dîner à la maison; leurs enfants tombaient de sommeil; tous ils sont montés dans le tramway de Vincennes qui les conduit près de chez eux, à Saint-Mandé.

Pendant que ma femme et les enfants rentraient à la maison, j'allais au télégraphe rédiger une dépêche annonçant la petite fête anniversaire de l'inauguration du tramway nogentais.

S'il m'avait fallu écrire sur cet événement, ou sur tout autre sujet, un véritable article, j'en aurais été incapable. Le journalisme de faits, de reportage, d'actualité, a vraiment dans bien des circonstances, sa raison d'être et son mérite.

VINGTIÈME JOURNÉE

Mercredi 22 août.

Deux mauvaises nouvelles. — Souvenir de collège — Le garçon de la Porte-Jaune. — Dîner d'adieu. — Mot de la fin.

Nous voici arrivés au terme de ces vacances qui ont passé avec la rapidité vertigineuse d'un éclair égayant un ciel monotone. Je m'attendais à n'avoir que des adieux à adresser à ma chère maison, et je flanais paresseusement dans mon lit, lorsque je fus ramené aux réalités de ce monde par des gémissements d'un côté, et des pleurs de l'autre.

Les pleurs, c'était ma grande fille qui les versait avec la verve bruyante des enfants qui ne sont pas encore habitués à la douleur; ma femme se lamentait.

Le courrier venait d'arriver apportant une mauvaise nouvelle à l'une et à l'autre. Ma fille apprenait que la maîtresse préférée de son couvent, restée son amie, allait quitter Saint-Mandé et partir pour la maison-mère de la Sainte-Famille, en Espagne; et elle pleurait! elle pleurait!...

Je la plaignais, ai-je besoin de le dire? Mais au fond du cœur j'éprouvais une satisfaction réelle de cette douleur qui était une preuve de plus de la sensibilité de Jeanne.

Je ne suis pas partisan du régime de la claustration pour l'enseignement; j'estime que l'éducation des enfants est un devoir de famille; les établissements scolaires devraient être des internats possédant d'excellents professeurs... Mais de longtemps, je le crains, ce régime ne sera pas applicable, si jamais il le devient, car il faudra plusieurs générations ayant reçu une instruction complète qui rende les pères et les mères capables de diriger leurs enfants, de corriger leurs devoirs, de faire réciter leurs leçons, en dégageant le sens et la moralité que contiennent les mots du texte.

L'internat admis, je suis loin de le considérer comme une geôle. Si les maîtres savent faire accepter et reconnaître leur autorité d'une façon quelconque, les élèves se conduisent bien. J'ai raconté bien souvent une historiette de mon temps de collège; puisque l'occasion se présente, je veux l'écrire.

C'était au lycée d'Avignon. Je faisais partie d'une section indisciplinable. Nous avions juré de chasser douze maîtres d'étude. Nous en étions au cinquième ou au sixième : cris, miaulements, aboiements, rires et autres bruits, nous employions tous les moyens; les malheureux « pions » perdaient la tête et s'en allaient.

Arrive un homme jeune, à la physionomie bien ouverte, inspirant sympathie. Mais le

serment nous liait, nous devions faire du
tapage. Il monte à sa chaire et dit :

« Mes enfants, je sais que vous avez juré
de chasser douze maîtres d'étude. Je ne suis
que le sixième. Vous allez recommencer la
guerre. Je vous avertis que je ne partirai pas.
Je ne suis pas ici pour mon plaisir, croyez-le
bien ; je viens à Avignon pour terminer mes
grandes études ; mon poste me permet de
vivre. Si vous êtes sages, je serai bon ; si
vous êtes méchants, je sévirai. Maintenant, au
travail. »

Ce petit discours, dit d'une voix brève et
nette, nous donna quelque peu à réfléchir ;
mais les meneurs nous subjuguaient ; les rires et les bruits commencèrent.

Le maître descendit de sa chaire très
calme, sans se hâter ; il prit par le bras un des
élèves qui se trouvaient au bord de la montée
des bancs et l'envoya au milieu de la salle ;
d'un geste vigoureux il lui fit plier les ge-
noux et lui appliqua un soufflet sur chaque
joue.

Puis, remontant à sa chaire, il nous dit :

— A qui le tour ?

L'énergie justifiée produit toujours bon effet ; de plus, j'avais une sympathie instinctive pour cet homme qui nous avait parlé raison. Je brisai le pacte fait avec mes camarades et, me levant, je dis :

— Vous nous allez, vous !

— Comment t'appelles-tu ? dit le maître.

Je me nommai.

— C'est bien. Tu copieras cinq cents vers pour avoir parlé sans permission. A présent, je t'écoute.

Je dis que nous avions eu tort de jurer guerre éternelle aux maîtres d'étude ; que nous travaillerions désormais ; que mes camarades feraient comme moi.

— C'est bien, nous allons voir.

J'avais traduit de mon mieux les sentiments de tous. L'étude finit sans incident ; à la récréation, un grand colloque s'établit et, après discussion, il fut décidé que nous serions sages. Les meneurs du « boucan » et moi nous allâmes en ambassade auprès du maître qui nous écouta avec bienveillance et renouvela ses promesses.

L'année scolaire se passa le mieux du monde : le maître d'étude s'absentait souvent une demi-heure et nous étions plus silencieux encore que lorsqu'il était à sa chaire.

J'ai toujours conservé le meilleur souvenir de mon ancien maître d'étude du lycée d'Avignon ; il s'appelait Vuillemin et il a fait une belle carrière dans l'Université ; il a été proviseur des lycées de Tournon, de Sens et de Lorient où il est actuellement ; je lui adresse mes plus sympathiques cordialités.

Je reviens à Jeanne et à ses pleurs. Une amie lui annonçait que leur maîtresse préférée allait quitter pour toujours le couvent de Saint-Mandé. La première chose à faire était d'aller vérifier la nouvelle, ce que Jeanne fit avec sa mère ; je les accompagnai et pendant qu'elles étaient au couvent j'allai revoir dans la grande rue une tourelle très pittoresque.

Fort heureusement la nouvelle n'était pas

tout à fait exacte ; la maîtresse partait pour Madrid, mais, après avoir embrassé sa vieille mère, elle reviendrait à Saint-Mandé.

L'autre mauvaise nouvelle était malheureusement vraie ; elle concerne le frère de la première maîtresse de Madeleine, M. Baudy. Engagé volontaire, entré à l'école de Saint-Maixent, nommé sous-lieutenant, M. Baudy avait demandé de partir pour le Tonkin, espérant avancer plus vite en grade ; il y était mort.

Ces émotions et ces tristesses ont assombri la dernière journée de vacances de ma femme et de Jeanne. Henri et Madeleine n'étant pour rien dans ces douleurs, je leur ai donné une longue partie de bateau pendant l'après-midi et je suis allé les attendre à la Porte-Jaune.

J'avais été servi pendant toutes les vacances par un garçon nommé Henri, très complaisant et qui, malgré mon costume négligé, me témoignait une certaine déférence ; effet des bons pourboires sans doute.

Comme je n'avais rien à faire, que je ne

fume pas et que je ne voulais pas lire les journaux, il m'est arrivé plusieurs fois de bavarder avec Henri qui lui-même était assez inoc-
cupé en semaine, le mauvais temps n'étant
pas favorable du tout aux cafés-restaurants en
plein air.

Il me prit fantaisie d'entrer plus avant dans
l'étude d'un caractère de garçon de café. Je
ne parvins pas à tirer grand'chose relativement à sa profession ; peut-être craignait-il
d'être entendu ; mais j'avais un moyen de lui
délier la langue.

— Je viens ici cette année pour la dernière
fois, lui dis-je.

— Tant pis, monsieur.

— Que voulez-vous, mon congé est fini, il
faut que j'aille reprendre mon travail. Je rentre
au *Petit Journal* demain.

— Ah ! monsieur est au *Petit Journal*. Je
le lis avec grand plaisir ; c'est le meilleur
journal ; il est sincère, et ne dit que la vérité.
Si tous les journaux étaient aussi modérés,
nous n'en serions pas où nous en sommes.

— Vous n'êtes donc pas content !

— Non. A peine nous gagnons notre vie. Ce n'est la faute de personne. Il fait trop vilain temps. Eh bien ! on fait croire à nos camarades que si Boulanger était président de la République tout cela changerait.

— Vous exagérez.

— Pas du tout. Il y a un tas de farceurs dans le parti boulangiste et un tas d'imbéciles dans notre corporation. Voyez-vous, monsieur, il nous faut un maître, un vrai maître.

— Hüm ! C'est grave ce que vous dites là ? La liberté est le meilleur des régulateurs. Vous pouvez discuter vos intérêts avec les patrons. Si nous avions un maître, empereur ou roi, toutes les situations seraient réglées sans espoir d'amélioration.

— Chez nous, croyez-moi, les garçons seront toujours exploités. Nous sommes à nos pièces. Tant pis s'il ne vient personne. Cette année c'est à peine si nous faisons le dimanche. Aussi...

Le garçon s'arrêta confus, baissant les yeux.

Je fus obligé de l'exciter pour savoir le fin fond de sa pensée.

— Eh bien ! oui, dit-il, j'aspire à avoir un fixe, et si vous pouviez me donner une place au *Petit Journal* je vous serais très reconnaissant. La maison est bonne, je suis travailleur, j'y resterais certainement.

Il ne m'appartenait pas de promettre ni même de faire espérer une place quelconque, je le dis au garçon de la Porte-Jaune, et pour le récompenser de ses curieuses confidences, je lui donnai une bonne étrenne de départ.

De même à Fauchard, le patron de la *Mouette*, qui ramenait mon fils et ma fillette.

Nous retournâmes à la maison où nous réunîmes le soir nos amis dans un dîner d'adieu.

Ce n'est pas sans émotion que j'ai quitté cette maison qui avait été pour nous tous si aimable pendant trois semaines.

Nous avions tous les larmes aux yeux; le mot de la situation a été dit par mon fils, en traversant le cours de Vincennes plein de baraqués de foire aux boniments étourdissants, de théâtres, de saltimbanques, de bals où la grosse caisse et le cornet à piston faisaient rage.

— C'est la fête depuis dimanche dit-il, depuis le 19, et nous sommes le 22. Ni Madeleine ni moi n'avons demandé à venir jouer. Personne chez nous ne s'est aperçu que c'est la fête de Vincennes !